MÉTODOS ADEQUADOS DE

SOLUÇÃO DE CONFLITOS

REFLEXÕES TEÓRICAS E APLICABILIDADE ESTRATÉGICA

Organizadora:
Bianca Oliveira de Farias.

Autores:
Geraldo Henrique Alves Costa Amorim, Lucas Grisolia Fratari, Camila Maiara da Silva Leite, Alexandre Sócrates da Silva Mendes, Herbert Dias Ferreira, Rafael Gomes De Araújo, Ana Betina da Costa Pires Ferreira.

AMBRA UNIVERSITY press

Copyright 2023 © by
Ambra University Press, Bianca Farias
All rights reserved.

Publisher: Ambra University Press
First edition: AUGUST 2023 (Revision 1.0a)

Author: Bianca Oliveira de Farias; Geraldo Henrique Alves Costa Amorim; Lucas Grisolia Fratari; Camila Maiara da Silva Leite; Alexandre Sócrates da Silva Mendes; Herbert Dias Ferreira; Rafael Gomes De Araújo; Ana Betina da Costa Pires Ferreira.

Title: Métodos Adequados de Solução de Conflitos: reflexões teóricas e aplicabilidade estratégica
Cover design: Ambra University Press
Book design: Ambra University Press
Proofreading: Ambra University Press

E-book format: EPUB
Print format: Print format: Paperback- 6 x 9 inch

ISBN: 978-1-952514-50-0 (Print - Paperback)
ISBN: 978-1-952514-51-7 (e-book – EPUB)

Ambra is a trademark of Ambra Education, Inc. registered in the U.S. Patent and Trademark Office.
Ambra University Press is a division of Ambra Education, Inc.
Orlando, FL, USA
https://press.ambra.education/ • https://www.ambra.education/

Editora: Ambra University Press
Primeira edição: agosto 2023 (Revisão 1.01)

Autores: Bianca Oliveira de Farias; Geraldo Henrique Alves Costa Amorim; Lucas Grisolia Fratari; Camila Maiara da Silva Leite; Alexandre Sócrates da Silva Mendes; Herbert Dias Ferreira; Rafael Gomes De Araújo; Ana Betina da Costa Pires Ferreira.

Título: Métodos Adequados de Solução de Conflitos: reflexões teóricas e aplicabilidade estratégica
Design da capa: Ambra University Press
Projeto gráfico: Ambra University Press
Revisão: Ambra University Press

Formato e-book: EPUB
Formato impresso: Capa mole - 6 x 9 polegadas

ISBN: 978-1-952514-50-0 (Impresso – capa mole)
ISBN: 978-1-952514-51-7 (e-book – EPUB)

Ambra é uma marca da Ambra Education, Inc. registrada no U.S. Patent and Trademark Office.
Ambra University Press é uma divisão da Ambra Education, Inc.
Orlando, FL, EUA
https://press.ambra.education/ • https://www.ambra.education/

SUMÁRIO

SOBRE OS AUTORES

BIANCA OLIVEIRA DE FARIAS

Mediadora e advogada; mais de 15 anos de experiência em direito e ensino jurídico; Diretora de Ensino da EMERJ e Gerente de Compliance da CBVela; coordenadora de graduação em direito na Ucam; editora assistente na Revista Brasileira de Alternative Dispute Resolution – RBADR; doutorado em direito pela Universidade do Estado do Rio de Janeiro (UERJ), mestrado em direito pela UERJ, bacharelado em direito pela UERJ.

GERALDO HENRIQUE ALVES COSTA AMORIM

Professor Universitário na Disciplina de Laudos e Pericias de Engenharia para a pós graduação em Engenharia de Segurança do Trabalho na Faculdade Anhanguera, e Professor para os Cursos Técnicos em Segurança do Trabalho e Técnico em Edificações no Colminas. Graduado em Engenharia Civil pela Faculdade Pitágoras de Ipatinga.

LUCAS GRISOLIA FRATARI

Advogado inscrito na Ordem dos Advogados do Brasil, Seccional São Paulo OAB número 354.977. Graduado em Direito pela FMU - Faculdades Metropolitanas Unidas. Especialista em Direito Empresarial pelo INSPER Instituto de Ensino e Pesquisa. Especialista em Direito e Processo do Trabalho e Processo Civil pela PUC Campinas. Especialista em Direito Previdenciário pela EBRADI - Escola Brasileira de Direito.

CAMILA MAIARA DA SILVA LEITE

Advogada e Mediadora. Mestre em Ciências Jurídicas pela Ambra University (2022). Graduada pela Pontifícia Universidade Católica de Goiás (2014). Especialista em Direito Processual Civil (2016), Direito Civil e Empresarial (2019) pela Faculdade Damásio de Jesus e Especialista em Conciliação e Mediação pelo Centro de Mediadores (2021). Participa como membro da Câmara Técnica de Cultura de Paz e Não Judicialização do CODESE/DF (2021/2024). Participa como Membro do Grupo de Estudos em Direito e Economia - GEDE na Diretoria de Pós-graduação Stricto Sensu, Pesquisa e Publicação da Universidade de Brasília - Unb e do Instituto Brasileiro de Ensino, Desenvolvimento e Pesquisa - IDP. Foi vice-presidente da subcomissão de Mediação da OAB/DF (2019/2020) e secretária-geral da Comissão de Métodos Adequados de Solução de Conflitos da OAB/DF (2020/2021). Foi Presidente da Comissão de Mediação da OAB/DF na Subseção de Águas Claras (2019/2021), Coordenadora das Comissões da Subseção de Águas Claras (2020/2021) e Conselheira. Foi Diretora da Coordenação de Projetos e Presidente da Comissão de Mediação da Rede Internacional de Excelência Jurídica do Distrito Federal (2018/2020). É instrutora e Supervisora do Curso de Mediação Extrajudicial e Interdisciplinar da RIEX-DF (curso Teórico e Prático). Atua também na elaboração e supervisão de projetos e acordos de cooperação técnica.

ALEXANDRE SÓCRATES DA SILVA MENDES

Juiz de Direito do Estado de Mato Grosso desde 2012, atualmente jurisdicionando a 5ª Vara da Comarca de Alta Floresta. Possui MBA em Poder Judiciário pela FGV-Rio.

Graduado em Direito pela Universidade de Cuiabá em 2002. Mestrando em Ciências Jurídicas na AMBRA University/EUA.

HERBERT DIAS FERREIRA

Graduado em Direito pela Universidade Federal de Uberlândia. Especialista em ciências criminais pela Universidade Cândido Mendes. Mestrando em resolução de conflitos na Ambra University. Promotor de Justiça no Ministério Público do Estado de Mato Grosso.

RAFAEL GOMES DE ARAÚJO

Advogado. Pós-graduado em Processo Civil pelo Damásio Educacional, MBA Executiva: Gestão e Business Law pela FGV e Mestre em Resolução de Conflitos pela Ambra University. Professor Tutor da FGV e da Ambra University. Diretor Jurídico e Administrativo do Lar Assistencial Matilde - LAM. Membro do IBDFAM e da AASP. Membro de Comissões da OAB/SP.

ANA BETINA DA COSTA PIRES FERREIRA

Betina Costa é Mestranda em Direito com ênfase na Resolução de Conflitos na AMBRA University. Fundadora do Instituto Consensum - Educação e Soluções Corporativas. Consultora em gestão de conflitos, Advogada consensual, Mediadora extrajudicial; Escritora do livro Universo Particular e Co-autora em obras sobre cultura da paz.

PREFÁCIO

É com enorme satisfação que entregamos à comunidade jurídica mais uma relevante obra acerca dos aspectos teóricos e práticos que compõem a composição alternativa de conflitos.

Em um mundo marcado por conflitos sociais crescentes, a insistência na adoção de formas clássicas de resolução de demandas, frequentemente, gera frustração no jurisdicionado e descrédito no Poder Judiciário.

A correta percepção deste fenômeno nos leva a concluir que o excesso de lentidão na obtenção de decisões judiciais não se deve, em absoluto, à falta de comprometimento dos magistrados, tampouco ao despreparo técnico dos participantes de um processo, como em princípio se poderia supor.

Em verdade, trata-se de situação que encontra seu fundamento em questão de ordem numérica: em uma sociedade crescente, com padrão cultural marcado pelo conflito, é insuficiente o número de julgadores que integram o Poder Judiciário em suas diversas instâncias.

Não por acaso, as mais modernas referências aos meios alternativos de solução de conflitos falam em "meios adequados de solução de conflitos". Com efeito, repensar a solução de conflitos marcada por uma atuação colaborativa dos envolvidos conduz a resultados mais efetivos, na medida em que, para além da obtenção mais célere de soluções para os problemas em tela, há um natural compromisso das partes em implementar o conteúdo de solução por elas, ao menos parcialmente, construída.

Ser parte da solução, gera real engajamento em torno da superação do problema!

Movidos por esta percepção, os estudantes do mestrado da Ambra University escreveram artigos atuais e de leitura obrigatória por todos que pretendem conhecer os diversos e complexos aspectos advindos da conciliação, da negociação e da mediação.

O estudo destes institutos no direito pátrio e no sistema alienígena, trarão aos leitores novas percepções acerca da relevância social da solução alternativa de conflitos, convidando a todos os estudiosos para uma reflexão necessária e impostergável.

Da menção, anos atrás, à Justiça Multiportas ao moderno conceito de acesso à justiça, os artigos que fazem parte desta obra coletiva trazem abordagem clara e colocam em evidências os pontos que ainda geram, sob os prismas teórico e prático, divergências e lacunas que precisam, para a manutenção da vida pacífica em sociedade, serem prontamente superadas.

Boa leitura

MEDIAÇÃO DE CONFLITOS EM AMBIENTES EDUCACIONAIS: ANÁLISE CRÍTICA SOB OS PRISMAS TEÓRICO E PRÁTICO

Autora:

Bianca Oliveira de Farias

APRESENTAÇÃO

O presente estudo apresenta o instituto da mediação e ressalta, à luz da justiça restaurativa, a relevância da sua aplicação em ambientes educacionais. É cediço que vivemos evidente crise social cujos efeitos produzem eco em aspectos patrimoniais das relações sociais atingindo, ainda, aspectos intangíveis, relacionados aos valores e crenças que regem as relações interpessoais.

Nesse contexto, operam-se impactos relevantes no processo educacional, marcado por relações interpessoais intensas e duradouras. A sociedade mudou e as implicações positivas e negativas dessas transformações são sentidas, sob diferentes perspectivas, todos os dias, pelos que exercem algum protagonismo nas relações educacionais: pais, professores, alunos e gestores. Equacionar questões de ordem disciplinar, suprir a ausência não rara das famílias e harmonizar as diferenças inerentes à espécie humana e, em boa medida, desejáveis em um ambiente escolar que preconiza a troca de saberes é tarefa especialmente desafiadora que requer, dos envolvidos nesse processo, habilidades outrora dispensáveis.

Multiplicam-se as ações que chegam, diariamente, ao Judiciário e que versam, em essência, sobre as diferentes tensões que ocorrem em ambientes que deveriam promover o aprendizado e a formação cidadã. São conflitos estabelecidos entre alunos envolvidos em episódios de violência, entre discentes e seus professores, entre os pais e os gestores, entre famílias e instituições de ensino, bipolarizando-se, lamentavelmente, a relação que deveria ser regida pela parceria e mútua cooperação.

É nesse cenário que ganham força os métodos alternativos de solução de conflitos merecendo destaque, no contexto educacional, a mediação.

Trataremos do tema apontando, de forma técnica, o conceito desse instituto jurídico e, partindo da sua previsão jurídica, transportaremos o instituto para o ambiente educacional, onde o tema assume viés prático e requer dos gestores conhecimentos técnicos específicos para a aplicação bem-sucedida do instituto.

Esperamos que o estudo contribua para a necessária reflexão em torno do tema e para a minimização dos conflitos educacionais, conduzindo todos os envolvidos nesse importante ciclo a um novo caminho regido pelo diálogo, pela cooperação e pela supremacia da cultura de paz.

PALAVRAS-CHAVE: mediação, cultura de paz, composição de conflitos, justiça restaurativa, cooperação, diálogo, transformações sociais, quebra de paradigmas.

ABSTRACT

This study presents the institute of mediation and highlights, in the light of restorative justice, the relevance of the application of the institute in educational environments. It is true that we are experiencing an evident social crisis whose effects echo material and patrimonial aspects of social relations, also affecting intangible aspects, related to the values and beliefs that govern interpersonal relationships.

In this context, there are relevant impacts on the educational process, marked by intense and long-lasting interpersonal relationships. Society has changed and the positive and negative implications of these changes are felt, under different perspectives, every day, by those who play a leading role in educational relationships: parents, teachers, students and managers. Equating issues of a disciplinary nature, making up for the rare absence of families and harmonizing the differences inherent to the human species, and, to a large extent, desirable in a school environment that advocates the exchange of knowledge is an especially challenging task that requires those involved in this process, skills once expendable.

The actions that reach the Judiciary on a daily basis and multiply, in essence, on the different tensions that occur in environments that should promote learning and citizen training are multiplied. These are conflicts established between students involved in episodes of violence, between students and their teachers, between parents and managers, between families and educational institutions, unfortunately, the relationship that should be governed by partnership and mutual cooperation.

It is in this scenario that alternative methods of conflict resolution are gaining strength, and mediation should be highlighted in the educational context.

We will deal with the theme by pointing, in a technical way, the concept of this legal institute and, starting from its legal provision, we will transport the institute to the educational environment, where the theme assumes a practical bias and requires specific technical knowledge from managers for the successful application of the Institute.

We hope that the study will contribute to the necessary reflection on the theme and to the minimization of educational conflicts, leading everyone involved in this important cycle to a new path governed by dialogue, cooperation and the supremacy of the culture of peace.

KEYWORDS: mediation, culture of peace, conflict composition, restorative justice, cooperation, dialogue, social transformations, breaking paradigms.

INTRODUÇÃO

A educação sempre exerceu fundamental importância na sociedade. Nas escolas e, tempos depois, em instituições de ensino superior, os indivíduos adquirem conhecimento, aptidões e habilidades que os capacitam para um mercado de trabalho cada vez mais competitivo e desafiador.

Em paralelo, é no ambiente em que estudam que crianças e jovens adquirem capacidades ainda mais relevantes do que as anteriormente mencionadas. Nesses espaços, em que permanecem grande parte dos dias, por anos a fio, transmitem-se valores fundamentais, lapida-se o caráter do estudante, propõe-se o desafio de conviver com o diferente com a intenção de extrair dessa diversidade, fundamentos determinantes para o formação do cidadão pleno, apto a transitar em ambientes distintos, enxergando, na heterogeneidade, rica oportunidade de troca de experiências e saberes.

Formar indivíduos cognitivamente capacitados e, simultaneamente, dotados de equilíbrio socioemocional torna-se tarefa extremamente desafiadora em tempos nos quais as relações sociais mergulharam em profunda depressão.

É notório que os centros de ensino, em qualquer nível de escolaridade, funcionam como micro reproduções do que, em espectro muito maior, se vislumbra na sociedade. Todas as relações humanas são, por definição, mutáveis, refletindo as percepções jurídicas, éticas e morais, do tempo e do local em que se processam.

Não é difícil constatar que o desafio enfrentado pelos centros promotores de educação é imensurável. Vivemos tempos de propagação desenfreada da violência em suas mais diversas formas de manifestação. A capacidade de comunicação civilizada entre os indivíduos diminuiu na exata proporção em que a agressividade cresceu.

Vive-se a violência física como fenômeno banalizado no cotidiano das grandes cidades. Experimenta-se o abandono emocional e os amargos efeitos da parentalidade distraída na exata medida em que os pais, não raras vezes de forma inconsciente, dedicam-se com exclusividade ao trabalho e gastam significativo número de horas em mídias digitais. Sob o argumento, em alguma medida legítimo, de estarem buscando fornecer aos filhos condições de acesso à educação de qualidade, esses pais reproduzem a violência em seu aspecto emocional, deixando marcas profundas e gerando efeitos que repercutem em todos que, direta ou indiretamente, convivem com o filho abandonado.

Ademais, crianças e jovens nunca tiveram tanto acesso às redes sociais, ao universo desconhecido da internet, a vídeos, programas, e músicas que acabam por reproduzir, sem qualidade ou filtros prévios, um padrão comportamental marcado pelo desvio moral, pela alienação, pela competitividade e pelo isolacionismo.

Na contramão do que o mercado de trabalho hoje busca, esses jovens e crianças de tenra idade, isolam-se em um universo paralelo, de dimensões desconhecidas, tornando-se incapazes de interagir uns com os outros, de buscar soluções criativas para seus desafios e de encontrar, na simplicidade da infância e no vigor da juventude, a felicidade necessária para aproveitar a vida de forma intensa e amadurecida, cientes de que todos enfrentam, indistintamente, momentos de maior dificuldade e momentos de grande calmaria.

Explode, aí, a violência verbal. Incapazes de dialogar e desprovidos de um vocabulário que lhes dê munição para argumentar, por conta da provável frustração que esse cenário lhes impõe, as crianças e jovens xingam, ofendem, debocham de seus pares e, não raras vezes, daqueles a quem deveriam guardar obediência e respeito, valores destruídos pela alienação digital e pela ausência de referência familiar.

A convergência de todas essas espécies de violência (física, emocional e verbal) se opera, inequivocamente, nos ambientes de promoção do aprendizado porque há, nesses locais, todos os elementos necessários para que o desequilíbrio humano se manifeste. É na escola ou nas instituições de ensino superior que o indivíduo experimentará a contrariedade advinda da opinião alheia. Também nesses espaços, as crianças e jovens serão forçados a conviver com a ideia de limite comportamental, muitas vezes flexibilizada ou abandonada no seio familiar. Também é nesses locais que jovens e crianças experimentam responsabilidades e compromissos inegociáveis acarretando, não raras vezes, pressões com as quais eles não estão acostumados a lidar.

As famílias, chamadas a intervir, não raras vezes, têm dificuldades em atuar. Sabem, ainda que inconscientemente, que o comportamento infantojuvenil debatido é fruto da sua ação ou omissão mas, em negação, preferem culpar o sistema educacional e a instituição que o filho frequenta, porque há um natural consolo em encontrar nos outros razões para nossas frustrações e fracassos. Ao ser humano é difícil e muito desconfortável confrontar suas próprias culpas e, a partir de uma autocrítica, rever rumos e corrigir pontuais equívocos.

A tensão atinge seu auge quando consideramos, na realidade brasileira, percentual crescente de professores e gestores absolutamente despreparados para lidar com essa realidade e com os desafios que ela impõe. É comum, em centros educacionais de referência, haver professores sem especialização, usarem-se métodos de ensino obsoletos, incapazes de entreter e desenvolver aptidões e encontrarmos gestores incapazes de lidar com a adversidade, mediar conflitos e conduzir situações de tensão rumo à composição amigável.

Esse quadro vem levando à multiplicação de ações que abarrotam o Judiciário e que, em sua maioria, tratam de impasses financeiros ou de discussões em torno do adequado tratamento disciplinar que hipóteses, postas em tela, merecem receber. O enquadramento jurídico das relações entre centro de ensino e famílias como relações de consumo fez disparar o número de processos, dessa natureza, distribuídos aos Juizados Especiais Cíveis restando, em razão do valor da causa ou da natureza da matéria debatida, outros milhares de processos entre esses mesmos agentes para julgamento pelos juízos estaduais ou federais, conforme a hipótese, competentes.

A reversão desse quadro marcado pela beligerância entre famílias e instituições de ensino depende, essencialmente, do domínio de técnicas que levem à autocomposição de conflitos.

Tem extrema relevância, nesse contexto, a mediação escolar, mecanismo capaz de conduzir, com êxito, à pacificação no ambiente de aprendizado contribuindo, ainda, para o aperfeiçoamento do processo educacional ao reforçar, para crianças e jovens, a relevância e o protagonismo que exercem na dinâmica social valores como a tolerância, a empatia, a solidariedade e o respeito ao próximo e às diferenças.

No presente estudo, cuidaremos de apresentar o instituto supramencionado ressaltando sua conceituação, técnicas de aplicação e relevância prática à luz do papel que deve ser assumido por cada um dos agentes formadores da cadeia de ensino e aprendizagem: pais, alunos, professores e gestores.

AS RELAÇÕES DE PODER E OS CONFLITOS INTER E INTRAPESSOAIS

Em ambientes voltados ao aprendizado, via de regra, assume fundamental papel a ideia de disciplina. O termo implica em se exigir do aluno a adequação do seu comportamento a um conjunto de regras e regulamentos[1] previamente

---

1   Referimo-nos às regras como comandos que podem ou não estar contidos em documentos escritos mas que, habitualmente, disciplinam a atuação dos discentes e são de conhecimento de todos. O termo regulamento está sendo utilizado, em sentido amplo, para fazer referência a documentos institucionais escritos como Projetos Político-Pedagógicos de escolas, Projetos Pedagógicos de Curso, em instituições de ensino superior, portarias institucionais, manuais de alunos e regulamentos propriamente ditos.

estabelecidos com a finalidade de garantir a manutenção da ordem institucional e a serenidade das atividades pedagógicas estabelecidas em sala de aula.

Sendo o homem um ser destinado a viver em sociedade, espera-se que evidencie, em todas as oportunidades da vida, aptidão para relacionar-se de forma civilizada com os que o cercam e equilíbrio para equacionar os desafios que a diversidade do meio oferece[2].

O atingimento do equilíbrio depende da existência de interlocutores aptos a impor a observância das regras e de relações sociais em que elas se revelem efetivas, capazes de produzir todos os efeitos que delas se espera.

Portanto, longe de buscar isolamento e individualismo, deveriam os indivíduos ter consciência da importância de sua participação adequada em uma rede relacional caracterizada pela diversidade de pontos de vista e por iminentes conflitos.

O homem é fruto do meio em que vive e, portanto, imerso em um ambiente social e familiar marcado pela violência e intolerância, inevitavelmente será esse o padrão comportamental que reproduzirá nos microespaços de convivência como, a rigor, são os centros de ensino[3].

As estruturas de conhecimento moral do ser humano estão em contínua formação, revelando-se gradativa a possibilidade de um comportamento se ajustar às normas estabelecidas. Quando há uma ruptura nessa estrutura e

---

2   Para Piaget, "todo homem é um ser essencialmente social, impossível, portanto, de ser pensado fora do contexto da sociedade em que nasce e vive... O ser social, é aquele que consegue relacionar-se com seus semelhantes de forma equilibrada". PIAGET, Jean. Biologia e Conhecimento: ensaios sobre as relações entre as regulações orgânicas e os processos cognoscitivos. Petrópolis: Vozes, 1973, pp. 314 e 316.

3   Dado que as ideias defendidas nesse trabalho são aplicáveis aos conflitos que ocorrem em escolas, faculdades, universidades e centros universitários, optamos por utilizar, de forma ampla, as terminologias: centros de ensino, ambientes educacionais e instituições de ensino para englobar todas essas instituições

a moral do indivíduo é corrompida, a adequação comportamental desejada torna-se inviável e o conflito inevitável.

A indisciplina é, portanto, fenômeno complexo, resultando não apenas de um ato isolado de desobediência ao esperado mas, muito mais profundamente, de falhas estruturais na formação ética e moral do cidadão. Ademais, como ressalta Foucault[4], não se trata de um conceito estático, uniforme e universal. Ele se relaciona a um conjunto de valores e expectativas que variam no tempo e no espaço.

Parece-nos que, embora os padrões de disciplina em que se pauta a educação de crianças e jovens possam oscilar, como também variam os critérios adotados para identificar um comportamento indisciplinado, parece haver consenso em torno da ideia de que indisciplina é a violação a um padrão comportamental esperado, qualquer que seja ele.

O que varia de tempos em tempos, portanto, é o parâmetro utilizado para classificar a ação de um indivíduo como ato de disciplina ou indisciplina. Para todos os efeitos, contudo, violado o parâmetro vigente, terá o sujeito cometido ato de indisciplina.

O ajuste comportamental aos parâmetros esperados é especialmente delicado se considerarmos que os indivíduos podem enfrentar dois grandes tipos de conflitos na dinâmica social: os conflitos interpessoais e os conflitos intrapessoais.

Chamam-se de interpessoais os conflitos que resultam dos diversos pontos de vista que precisam conviver, pacificamente, na sociedade. Tais conflitos resultam, tipicamente, da dificuldade de lidar com opiniões diversas das que orientam o indivíduo, refletindo intolerância e ausência de inteligência emocional.

---

4   Confira-se, no sentido do texto: FOUCAULT, Michel. Microfísica do poder. Rio de Janeiro: Graal, 1979.

Os conflitos intrapessoais, por outro lado, são referentes às dúvidas internas individuais que se manifestam quando o indivíduo é instado a fazer escolhas, revelando inseguranças, traumas, receios, orientações éticas, morais, religiosas e mágoas resultantes de experiências vividas pela pessoa e, invariavelmente, influenciadoras dos comportamentos que adotará ao longo da vida. É sobre essas duas espécies de conflitos que se espera uma eficaz atuação da mediação escolar para o restabelecimento da paz e da ordem.

PERSPECTIVA FOUCAULTIANA DO ADESTRAMENTO DE CORPOS

Para Khouri[5], a disciplina é uma manifestação de poder que emerge nas sociedades modernas. Deve ser entendida como uma forma de dominação e de exercícios de poder em espaços sociais menores como, a rigor, são as instituições de ensino. É na sala de aula, portanto, que a disciplina exerce um controle minucioso e rigoroso do corpo e, em alguma medida, da alma dos indivíduos, impondo-lhes uma relação de docilidade e utilidade.

Esse poder sobre o corpo dos indivíduos se efetua na distribuição deles em determinados espaços arquitetônicos cuja disposição física (corredores, andares, salas, vidraças, etc.) faz com que sejam identificados, classificados, agrupados e controlados.

É certo que, ao mesmo tempo em que a disciplina permite vigilância permanente sobre o indivíduo em exercício de poder, constitui, sobre ele, um saber. Com efeito, cabe à disciplina estabelecer, no microambiente em que se aplica, os conceitos de normal e anormal, certo e errado, tolerável e intolerável estabelecendo, nessa senda, um corpo de saberes, descrições, receitas e dados. Convivem harmonicamente, nas instituições de ensino, pois, o saber e o poder que, se valendo de técnicas disciplinares, adestram os corpos dos indivíduos.

---

5   KHOURI, Ivonne. Disciplina x Indisciplina. In: D'Antola, Arlete (org). Disciplina na escola: autoridade versus autoritarismo. São Paulo: EPU, 1989, p.41.

A disciplina é capaz, ainda, de captar o tempo e a energia dos indivíduos, de forma que sejam passíveis de utilização e controle. O fenômeno ocorre mediante quatro processos: divisão da duração em segmentos, organização de sequências, finalização de cada segmento mediante prova e pelo estabelecimento de séries temporais diferenciadas.

Importante frisar, como ressalta Foucault[6] que, ao contrário do que se possa imaginar, o poder não é monopólio de um grupo e, nas relações que envolvem educação, não está concentrado, com exclusividade, nas instituições de ensino. Não se trata, portanto, da existência de rígida hierarquia institucional e de comandos verticalizados, exercidos de cima para baixo, em detrimento de alunos e suas famílias. O poder é exercido na tensão das relações sociais, na obrigatoriedade do convívio com ideias e valores divergentes.

Trata-se, assim, de uma rede de inter-relações dentro da qual todos exercem poder de forma simultânea e, naturalmente, todos sofrem, ao mesmo tempo, a ação do poder alheio sobre si.

É desse caráter relacional que resultam as lutas e resistências contra o poder exercido pelo outro. Quando esses impasses gerados pelo choque de poderes são habilmente mediados, conduzidos, o resultado torna-se extremamente positivo, posto que as instituições sociais mais relevantes, e aí enquadramos as instituições de ensino, são instrumentos de produção, acúmulo e transmissão do saber e o saber, inexoravelmente, é dotado de poder. A relação entre poder e saber é recíproca, na medida em que o poder produz saber e esse potencializa os efeitos do poder.

---

6   In verbis: "O poder deve ser analisado como algo que circula, como algo que só funciona em cadeia. Nunca está localizado aqui ou ali, nunca está nas mãos de alguns, nunca é apropriado como uma riqueza ou um bem. O poder funciona e se exerce em rede. Nas suas malhas, os indivíduos não circulam, mas estão sempre em posição de exercer esse poder e de sofrer a sua ação. FOUCAULT, Michel. Op. Cit, pág. 183. 7 Conceito refletido na obra de LIMA, Luciano Castro. Disciplina e ética: mudança e permanência frente às atuais transformações sociais in Revista de Educação AEC. Disciplina e liberdade. Brasília, v.26, n.103, abr/jun. 1997, pp:75-90.

A mediação ponderada nesses ambientes potencialmente conflituosos harmoniza a delicada e necessária relação entre poder e saber, extraindo de cada uma dessas noções suas mais positivas contribuições e conduzindo ao crescimento do indivíduo e da instituição em que ele está inserido.

NOÇÕES DE DISCIPLINA

A disciplina é entendida como o controle que os homens, individual e coletivamente, exercem sobre as suas emoções, impulsos e instintos básicos, administrando-os para que seja atingido o objetivo fundamental[7]. Indisciplina, a contrario sensu, é o procedimento, ato ou dito, contrário à disciplina, desobediência ou rebelião, sendo indisciplinado, portanto, quem se insurge contra a disciplina[8].

Os atos de indisciplina são apontados por educadores como os grandes responsáveis pelo comprometimento do trabalho realizado pelos docentes. É certo, entretanto, que fatores como a qualidade de formação do educador, em muitos casos, responde pelo desinteresse dos alunos nas aulas e, ato contínuo, por atos de dispersão e indisciplina[9].

A palavra disciplina deriva do latim discípulos, aquele que aprende. Portanto, a disciplina pressupõe a existência inspiradora de um mestre, cuja

---

7   Nesse sentido, confira-se: AQUINO, Júlio Groppa. Indisciplina na escola: alternativas teóricas e práticas, 4ª edição, São Paulo: Summus, 1996, p.85.

8   Nesse sentido, confira-se: AQUINO, Júlio Groppa. Indisciplina na escola: alternativas teóricas e práticas, 4ª edição, São Paulo: Summus, 1996, p.85.

9   No sentido do texto, confira-se: CARVALHO, José Sérgio F. Os sentidos da (in)disciplina : regras e métodos como práticas sociais org. AQUINO, J.G. Indisciplina nas escolas: alternativas teóricas e práticas. São Paulo: Summus, 1996.

imagem se deseja imitar e admirar, A ausência desse paradigma, por óbvio, leva à indisciplina[10].

Por muitos anos a disciplina referia-se a um processo educativo que tentava obter obediência a partir da imposição de castigos físicos fazendo parte, muitas dessas práticas, dos estatutos escolares de diversas nações.

Com o avanço das práticas pedagógicas, abandonou-se o uso da palmatória e de outras mecanismos de obtenção de obediência a partir do medo e da dor passando a se perseguir disciplina a partir de estímulos, apelo aos melhores sentimentos e pela força do bom exemplo.

A disciplina deve ser compreendida, modernamente, como fruto de atuação firme, de modo a angariar a admiração dos alunos e despertar neles a vontade de imitar padrões sociais em que estão inseridos.

Em contrapartida, a perfeita compreensão da indisciplina no ambiente escolar requer, dos envolvidos no processo educacional, a consciência de que ela deriva, de forma conjugada, de determinantes políticas, econômicas, sociais e educacionais. A violência social, em todas as suas manifestações, está refletida na escola.

Não raras vezes, os estudantes manifestam, nas instituições em que estão matriculados, aspectos da violência física que assola a sociedade, da violência psicológica que, lamentavelmente, marca muitos núcleos familiares de origens e rendas variadas, da violência verbal e emocional que se reflete na pobreza cultural dos programas , vídeos e músicas que constituem, em boa medida, os mecanismos de lazer dos jovens em tempos de modernidade tecnológica e ausência familiar.

A explosão dos diversos tipos de violência nas instituições de ensino conduz, naturalmente, à perda do controle e da disciplina e leva, perigosamente ao comprometimento do processo educacional. Teme-se o retorno do

---

10   Confira-se BETTELHEM, Bruno. Uma vida para seu filho. Rio de janeiro: Campos Ltda, 1978.

autoritarismo e a reutilização de mecanismos de medo e dominação, outrora empregados, como formas eficazes de obtenção de respeito e obediência. A não ser esse o caminho, teme-se a perda absoluta de controle necessário em um ambiente educacional sadio e a instauração do caos.

Vivemos um contexto social que modificou, significativamente os parâmetros de disciplinarização e, como resultado nefasto, experimentamos o esgarçamento das relações de solidariedade, vitimizando professores, gestores, alunos e famílias a partir dessa ação[11].

Encontrar o perfeito equilíbrio nessa relação tão delicada, reestabelecendo os valores corrompidos, sem lançar mão dos indesejados mecanismos do passado, é a mais desafiadora tarefa dos educadores posto que, em relações pendulares caracterizadas pelo autoritarismo em um dos polos e pela balbúrdia na outra extremidade, o justo equilíbrio do pêndulo é mais que desejável: é, a bem da verdade, o único caminho para que haja progresso e aprendizado eficaz.

TRANSGRESSÕES EM AMBIENTES EDUCACIONAIS: CAUSAS E CONSEQUÊNCIAS

As transgressões comportamentais de diversas ordens não acontecem, com exclusividade, em instituições do tipo públicas ou do tipo privadas. Ao contrário do que se pode precipitadamente imaginar, transgressões escolares não podem ser associadas, de forma direta, às instituições públicas, via de regra, frequentadas por alunos com menor poder aquisitivo. Associar transgressão e violência ao baixo poder aquisitivo de famílias que matriculam os filhos em instituições públicas de ensino, em todos os níveis de escolaridade, é um mito que urge ser desconstruído.

---

11   Confira-se TURA, Maria de Lourdes Rangel. Reflexões em torno do "professor palhaço" in Revista de Educação AEC, Disciplina e liberdade. Brasília, v. 26, n.103, abril/junho 1997, pp:75-90.

Os números da violência nas escolas e a observância do trabalho desenvolvidos por gestores de inúmeras instituições particulares revelam que todos, em larga medida, enfrentam, diariamente, o desafio de conter os transgressores, manter a ordem e oferecer um ambiente propício ao aprendizado e à troca de saberes.

Gradativamente, observa-se que as instituições de ensino absorvem competências formativas que pertencem às famílias e, em substituição à elas, buscam formar o caráter dos estudantes extrapolando, em boa medida, o papel informativo que originariamente lhes competia.

A percepção de que a relação entre instituições particulares de ensino e famílias é, tipicamente, uma relação de consumo, agrava esse cenário na medida em que, não raras vezes, as famílias acreditam estar pagando por essa formação valorativa de seus filhos e as instituições, em contrapartida, atentas à competição mercadológica e focadas na manutenção da margem de lucro, pouco reagem a essa situação e, com frequência, aceitam o papel a elas delegados pelos pais a fim de manter seu estoque de alunos.

Em caras escolas e em instituições de ensino superior privadas, concebidas para atender à elite financeira de certa localidade, todos os dias, professores são ofendidos, bens são danificados, gestores são desafiados e normas são violadas gerando, como consequência, desânimo, depressão e queda de rendimento nos alunos que, na contramão desse cenário, tentam se manter fiéis às diretrizes e atentos aos preceitos fundamentais da instituição.

Curiosamente, é comum tentarem os gestores mascarar essa realidade e, em reuniões com famílias e apresentações para o público externo, sustentam um discurso pautado na ordem, na não flexibilização disciplinar e na busca constante por excelência acadêmica. É possível que o façam porque, intimamente, sabem que esse é o modelo ideal, é o que se espera da instituição de ensino e o que, em tese, deveria ser entregue.

Entretanto, os fatores supramencionados impedem que o rigor necessário à mudança desse quadro seja imposto e, ano a ano, novos transgressores garantem suas vagas em conhecidas instituições.

Os professores, elo frágil nessa relação, não estão preparados para lidar com esse conflito e, como num efeito cascata, passam a exercer suas funções acuados, pressionados pelos baixos salários pagos, pelas exaustivas jornadas de trabalho, pelo "milagre" que deles esperam famílias e gestores. A consequência nefasta é o adoecimento de grande número de profissionais a cada ano e a migração que leva muitos docentes a se afastarem das salas de aulas e encontrarem outras fontes para sua subsistência.

As instituições de ensino que deveriam ser refúgio da violência urbana, paradoxalmente, passam a abrigá-la sob todos os aspectos. A guisa de exemplificação, no Rio de Janeiro, 16% dos jovens da rede particular de ensino e 13% dos jovens da rede pública relatam a ocorrência de violência na instituição em que estudam. Os números de importante pesquisa revelam, ainda, que 52% dos alunos de ambas as redes não conseguem se concentrar nos estudos, 28% se sentem nervosos ou revoltados e 27% perderam a vontade de estudar[12].

Ainda tratando da violência em números, no Rio de Janeiro, 23% dos estudantes relatam ter presenciado ameaças feitas por colegas a outros alunos, aos próprios pais ou a professores, 11% dizem ter visto situações envolvendo agressões físicas cometidas por alunos em face de outros alunos ou professores e quase 50% relatam não entender a instituição de ensino como um local pacífico, pontuando ser o espaço tão conflituoso como a sociedade em que estão inseridos[13].

---

12   Todos os números foram extraídos da pesquisa realizada por ABRAMOVAY, Miriam et.al. Violências nas escolas. Brasília: UNESCO, Instituto Ayrto9n Senna, UNAIDS, Banco Mundial, USAID, Fundação Ford, CONSED, UNDIME, 2002.

13   Uma vez mais, os números foram extraídos da obra lançada em 25.03.92 pela UNESCO em parceria com outras importantes instituições no auditório Emílio Ribas, no Ministério da Saúde. Este é o maior e mais completo estudo já feito sobre o assunto na América Latina.

Ante os dados expostos, não causa espanto que a preocupação com a indisciplina seja um dos temas que, hodiernamente, mais mobilizam pais, gestores e professores. A imagem, quase idílica, das instituições de ensino como espaços de fomentação do pensamento humano por meio da recriação de um legado cultural foi substituída, indubitavelmente, pela visão difusa de um campo de pequenas, mas relevantes, batalhas civis[14]. Para lidar com elas, a palavra de ordem passa a ser "encaminhamento". Encaminha-se o transgressor para o coordenador, para o diretor, para o psicólogo, etc. Apenas em situações-limite, quando o encaminhamento já não é mais possível e todas as tentativas de resgatar o transgressor e simular a manutenção da ordem falharam, a decisão acaba sendo a exclusão, em geral velada, sob a forma de transferência ou de convite à autoretirada[15].

O cotidiano das instituições de ensino do país acabam por revelar uma realidade bastante distante do plácido ideário pedagógico, pródiga em eventos alheios a esse ideário padrão[16]. Os efeitos dessa violência, repita-se, revelam-se perversos e ecoam, impiedosamente, sobre as famílias dos bons e dos maus alunos. As famílias de crianças e jovens transgressores costumam justificar o inaceitável comportamento de seus filhos a partir de síndromes e transtornos cujos diagnósticos, não raras vezes, são questionáveis. Surge uma geração

---

14   No sentido do texto, confira-se: JOHNSON, David W. et.al. Conflict Resolution and Peer Mediation Programs in Elementary and Secondary Schools: A Review of the Research. Minnesota: Review of Educational Research, vol. 66, n º4, 1996, pp:459-506.

15   Nesse sentido confira-se: VOLKER, Paulo. Disciplina, limites e ética. Disponível em: www.aescola.com.br/colunas. Acesso feito em 28.01.20. Confira-se, ainda, WAISELFISZ, Júlio Jacob. Mapa da violência: os jovens do Brasil. Rio de Janeiro: Garamond, 1998.

16   No sentido do texto, veja-se GUIMARÃES. A.M. A dinâmica da violência na escola: conflitos e ambiguidade. Campinas: Autores Associados, 1996. Confira-se, ainda, LIB NEO, José Carlos. Didática. São Paulo: Cortez, 1980.

movida a fármacos que prometem atuar sobre o sistema nervoso central, aumentando concentração e diminuindo o comportamento transgressor. Espera se desses medicamentos, em muitas hipóteses, a imposição de limites ao transgressor que a família, a qual cabia esse papel, deixou de fixar.

O fato é que a doutrina identifica uma série de motivos que levam um estudante a não se comportar de forma adequada e apenas uma minoria de causas pode ser tratada, de forma eficaz, com a ingestão de remédios. Destacam-se como causas potenciais de transgressão: distúrbios psiquiátricos, neurológicos, de personalidade, relacionais e de autoestima[17].

Em outra ponta, observamos a silenciosa luta travada pelas famílias de alunos "enquadrados". Esses estudantes, que suportam em silêncio o conturbado ambiente criado pelos transgressores, costumam somatizar os efeitos advindos da violência a que são submetidos[18]: suportam diminuição gradual de suas notas, levando as famílias à contratação de uma grande rede de apoio paralela para seus filhos. Ter professores particulares em diversas disciplinas passa, então, a ser quase tão corriqueiro quanto ter professores diversos na instituição de ensino. Não raras vezes, esses estudantes apresentam, ainda, sintomas de depressão, alterações no sono e no apetite e lotam consultórios de psicólogos. É possível, inclusive, que esses sintomas se agravem com a passagem do tempo porque, em geral, esses alunos não são percebidos pelas instituições de ensino, sempre tão sufocadas pela instabilidade gerada pelos que transgridem as

---

17   Nesse sentido, confira-se: CHARLOT, Bernard. O papel da escola na prevenção e intervenção da indisciplina e violência em uma sociedade como a de hoje. Revista Sociologias, ano 4, nº 8, Porto Alegre: jul/dez 2002, pp:13-18 e AQUINO, Júlio Groppa. Erro e Fracasso na Escola: alternativas teóricas e práticas, 4ª edição, São Paulo: Summus, 1997. Detalhando o que foi exposto, confira-se: VYGOTSKY, L.S. A formação social da mente, 6ª edição, tradução: José Cipolla Neto, Luís S.M. Barreto e Solange C.Afeche. São Paulo: Martins Fontes, 1998.

18   Confira-se, no sentido do texto, TAPIA, Jesus Alonso. A motivação em sala de aula: o que é, como se faz. São Paulo: Loyola, 2000.

regras que o tempo se revela escasso para dedicar atenção aos que padecem em silêncio.

A violência, hoje tão presente no meio estudantil, vem destruindo os vínculos existentes entre as pessoas, razão pela qual é chegado o momento de todos os envolvidos no processo educacional: pais, alunos, professores e gestores, debruçarem-se sobre novas formas de lidar, eficazmente, com os desafios impostos por ela.

A temática disciplinar passou a configurar problema interdisciplinar[19], transversal à pedagogia e intimamente ligada ao Direito já que, não poucas vezes, é no Judiciário que os conflitos nascidos em instituições de ensino deságuam e aguardam respostas, nem sempre satisfatórias. Passa a ser imprescindível que os gestores dominem práticas mediadoras compartilhadas, aliando a tradicional teoria pedagógica aos modernos fundamentos jurídicos da mediação de conflitos que se revela, sabidamente, como mecanismo indispensável para a promoção de uma cultura de paz e de resolução célere de conflitos, a partir da troca dialógica entre os envolvidos no litígio.

Não se pode ignorar, pois, a complexidade da temática disciplinar em escolas e instituições de ensino superior. Trata-se de um novo problema que pede passagem.

---

19   Nesse sentido, SAVIANI, Dermerval. Escola e democracia, onze teses sobre educação e política, 26ª edição. São Paulo: Cortez, 1993.

O PROCESSO DE MEDIAÇÃO: CONCEITO, ETAPAS E PREMISSAS FUNDAMENTAIS

Conflitos são, em síntese, divergências entre duas ou mais pessoas em que se crê que as aspirações de todas as partes não podem ser simultaneamente atendidas e que seus objetivos são inconciliáveis[20].

Nesse cenário marcado pela resistência, ganha força a mediação, fenômeno que busca a promoção da paz apoiado em técnicas de comunicação e negociação assistidas.

Embora os conflitos sejam constantes e presentes nos cotidianos das instituições de ensino, é comum gestores negarem, como já ressaltamos, a existência dessas divergências nas instituições que integram, a fim de preservar a boa reputação desses estabelecimentos e de ocultar, tanto quanto possível, o desconhecimento e a inaptidão para lidar com o tema.

Manter-se em negação impossibilita a adoção de medidas preventivas ou resolutivas por parte dos envolvidos. Como consequência, constatamos que os desdobramentos do conflito são ainda mais graves do que o litígio originário.

Há muitas espécies de conflitos em ambientes de aprendizado: manifestos, latentes, percebidos ou sentidos. Identificá-los adequadamente é essencial para que se trace a estratégia mais adequada para administrá-los.

Torna-se essencial o domínio do instituto da mediação porque apenas o conhecimento profundo do seu alcance, técnicas de aplicação e características determinantes é capaz de fornecer aos gestores de instituições de ensino

---

20   Nesse sentido, confira-se BERNARDES, C. et.al. Manejo de conflitos em organizações. São Paulo: Instituto Familiae, 2005.

a oportunidade para canalizar o impulso vertical do conflito que leva à destruição e convertê-lo em impulso horizontal que conduz à mudança[21].

O CONCEITO DE MEDIAÇÃO E SUA DESCRIÇÃO

A mediação precisa ser compreendida sob o espectro dos meios alternativos da solução de conflitos[22].

Surge, pois, ao lado da conciliação, da negociação e da arbitragem como eficaz mecanismo para a solução de conflitos, a partir da atuação dialógica que contempla os envolvidos no conflito a fim de que obtenham, com menores custos e com maior celeridade, solução eficaz para os conflitos de que participam.

Como cediço, a prestação de tutela jurisdicional por meio da prolação de sentença judicial, não raras vezes, gera frustração e descrédito no Poder Judiciário. Isso porque, a grande quantidade de demandas que são levadas à apreciação desse Poder e o reduzido número de magistrados aptos a julgá-las gera um atraso inaceitável na resolução de demandas. A justiça tardia é tida pelos estudiosos como uma força de injustiça qualificada.

A propositura de ações envolve, além de custos e de longa demora para a resolução da demanda, grande desgaste emocional para os litigantes que, ao final do feito, submetem se a um comando judicial do qual não tiveram a

---

21   Nesse sentido, confira-se: HOEFLER, Valéria Pereira Couto. Mediação escolar: panorama de uma cultura de paz in Mediação e Conciliação: teoria e prática. São Paulo: Revista dos Tribunais, 2018, pág.168.

22   Dados os limites impostos por um artigo, natureza desse trabalho, deixaremos de tratar de todos os aspectos históricos da solução de conflitos que levaram ao advento da mediação. Para detalhamento desse estudo remetemos o leitor à obra de AZEVEDO, André Gomma (org). Manual de mediação judicial, 6ª edição. Brasília: Ministério da Justiça e Programa PNUD, 2016. Confira-se, ainda, TARTUCE, Fernanda. Mediação nos conflitos civis, 5ª edição. Rio de Janeiro: Forense, 2019.

oportunidade de participar de forma eficaz, pouco colaborando para o advento do teor da sentença que lhes é imposta.

É certo que na mediação buscam as partes, com o auxílio de um terceiro imparcial, denominado mediador, ao qual caberá conduzir o diálogo, obter a melhor resposta para o conflito que as une. Trata-se de mecanismo que apresenta grande eficácia na medida em que, via de regra, as partes sentem-se mais confortáveis quando precisam cumprir uma decisão que foi fruto da intervenção delas, na qual puderam, ativamente, opinar e cujo teor ajudaram a construir.

Não se experimenta tal satisfação quando o deslinde da causa é contemplado em sentença judicial, fruto exclusivo do entendimento do Juiz acerca dos fatos propostos.

Lembramos que ao mediador não cabe a apresentação de possíveis soluções para o problema cabendo-lhe, tão somente, aplicar técnicas facilitadoras do diálogo a fim de municiar as partes para que possam, por conta própria, encontrar o melhor desfecho para o litígio. Sob esse aspecto, aliás, afasta-se o mediador do conciliador cuja atuação, como sabido, é dotada de maior proatividade cabendo-lhe, nas oportunidades em que está reunido com as partes, indicar a maior quantidade viável de soluções para a causa, a fim de auxiliar as partes na escolha daquela que, diante das especificidades do caso concreto, lhes parecer mais adequada.

Frise-se, ademais, que a mediação é técnica dialógica de solução de conflitos a ser utilizada em casos em que existem relações de proximidade entre as partes como geralmente acontece em relações familiares, de vizinhança e educacionais. Nessas hipóteses, é preciso resolver não apenas o problema posto em debate mas, de forma mais profunda, os desgastes que se operaram entre os envolvidos, cujo elo de ligação os forçará a manter contínua convivência. Entre esses personagens há relações duradouras, cujos efeitos se protraem no tempo.

A conciliação, a contrario sensu, é recomendada para hipóteses em que surgem problemas pontuais entre pessoas que, provavelmente, não voltarão a conviver após a superação do impasse. É o que ocorre entre aqueles que se envolvem em um acidente de trânsito ou que, por força de relação consumerista, acabam por adquirir produto defeituoso.

Na negociação, cabe complementar, não há terceiros facilitando o diálogo entre as partes envolvidas na demanda. São elas que buscam, por conta própria, a superação de seus problemas.

Saliente-se, todavia, que nenhum desses métodos autocompositivos impedem que as partes busquem o Poder Judiciário para resolução de seus problemas. Ao revés, o que se deseja é a paz social, na justa medida em que as partes, antes de ingressar com uma ação, ou com um processo já em curso, em qualquer tempo e grau de jurisdição, podem chegar a mais adequada solução para as desavenças existentes[23].

Sendo as relações que se estabelecem em instituições de ensino, tipicamente, de caráter duradouro, dado o longo lapso temporal pelo qual crianças e jovens permanecem nesses estabelecimentos, eventuais conflitos que neles surjam, em razão de todas as causas já examinadas, alcançam satisfatória e pacífica resolução por meio do instituto da mediação.

Em tais instituições, a mediação será exercida por meio de ações contínuas, dinâmicas e estratégicas, estruturadas a partir da comunicação e negociação assistidas especializadas.

Técnicas diversas podem e devem ser empregadas no ambiente de aprendizado, por meio da mediação, a fim de haja a célere resolução dos inúmeros conflitos que, diariamente, marca as relações interpessoais estabelecidas nesses espaços, despertando nos envolvidos o sentimento de pacificação social.

No espaço da escola e em instituições de em sino superior, deve o mediador buscar restaurar o diálogo entre os interessados de forma reflexiva,

---

23   No sentido do texto, confira-se: SOARES, Erika Zanon. Conciliação e o Código de Processo Civil in Mediação e Conciliação: teoria e prática, São Paulo: Revista dos Tribunais, 2018.

levando-os a ponderar acerca do ocorrido e, espontaneamente, apresentarem soluções para o impasse, concretizando mudanças no cenário anterior.

Nas relações que envolvem o ensino, em seus diferentes graus, os desgastes ocorridos geram marcas severas nos interessados. Pais, alunos, professores e gestores passam, não raras vezes, a se relacionar como adversários havendo imensa resistência ao diálogo e uma tendência tipicamente acusatória.

É fundamental, sob esse aspecto, que o mediador busque ressaltar que não se busca identificar um culpado para a situação ocorrida mas, em verdade, a superação do problema. Portanto, o foco da conversa deve ser mantido no evento em debate e não nos sujeitos que protagonizam a situação. A não ser assim, haverá resistência porque as partes, sentindo-se intimidadas, tendem a se defender acusando a parte contrária e, a partir daí, estabelece-se um ciclo vicioso de beligerância sem fim.

É papel do mediador transformar esse cenário, restabelecendo um ciclo virtuoso, fundado na parceria entre famílias (pais e alunos) e instituição (professores e gestores). É da reconstrução desse elo que dependerá não apenas a superação do litígio mas, de forma ainda mais ampla, o progresso da formação daquela criança ou jovem e a manutenção da ordem e das diretrizes institucionais.

Para que o resgate da confiança e do diálogo entre os litigantes se opere, recomenda-se que a mediação se dê em local adequado, onde todos os envolvidos nos conflitos possam falar livre e abertamente, mantendo-se a privacidade e a confidencialidade dos fatos narrados. Por essa razão, salas de coordenação e direção não se revelam propícios à mediação posto que há, nesses ambientes, típico caráter intimidatório sentindo-se as famílias, na imensa maioria das vezes, desconfortáveis com o empoderamento natural que esses ambientes fornecem aos representantes da instituição de ensino.

Há, na maioria dos estados brasileiros, programas de mediação escolar que capacitam os integrantes das instituições educacionais a atuarem como mediadores diante do conflito. Nessas ocasiões, são ensinadas importantes lições que em muito contribuem para o sucesso da mediação como, por exemplo, a dedicação de amplo tempo à discussão. Com efeito, não se pode estabelecer um lapso temporal rígido para o estabelecimento do diálogo e busca de entendimento nos centros de ensino. Características da personalidade dos envolvidos e a complexidade das questões abordadas demandarão, em inúmeras ocasiões, tempo variável para que haja progresso no diálogo. Quanto maior o tempo dedicado à escuta da parte contrária, maior a chance de sucesso na mediação.

É importante que se perceba que o processo de mediação, por si só, é uma experiência educativa relevante, posto que ensina as partes a dialogar, identificar aspectos comuns e divergentes, formular propostas e transportá-las para uma realidade objetiva[24].

Portanto, não há razões para que haja resistência à utilização da mediação nas relações pautadas no ensino. Com respeito às premissas informadoras e a convicção de que é do diálogo advêm as melhores soluções, o método é capaz de restabelecer a paz e a ordem outrora corrompidos.

CONSTRUÇÃO DA CULTURA DE PAZ

A ideia de cultura de paz é alicerçada em valores fundamentais que, apenas a partir do momento em que suportam aplicação prática justificam, de fato, a existência de uma nova perspectiva social.

Só se consegue pensar numa nova cultura, com efeito, quando se considera o que é relevante para o progresso da sociedade e não apenas do indivíduo.

Cabe a cada ser humano traduzir as atitudes e posturas comportamentais diárias que inspiram esse modelo orientado pela pacificação, em obediência às diretrizes da UNESCO que elegeu o ano 2000 como o ano internacional da cultura de paz e o lapso temporal compreendido entre os anos 2001 e 2010

---

24   No sentido do texto, confira-se: HOEFLER, Valéria Pereira Couto, Op. Cit, pág.173.

como a década internacional da cultura de paz e da não violência para as crianças do mundo.

Trata-se, pois, de um novo modo de vida a ser encampado por governos e toda sociedade civil nas diversas relações que a vida em sociedade nos impõe: familiares, políticas, trabalhistas, etc[25].

Dentro dessa perspectiva, assume grande relevo a justiça restaurativa. Se o que se busca é a promoção da paz e esse objetivo deve ser perseguido nas diferentes searas da vida social, é natural que se busque a justa composição de conflitos por meio do diálogo e do entendimento.

Por justiça restaurativa deve ser compreendido o processo que permite a todas as partes envolvidas em um ato ofensivo reunirem-se para decidir, conjuntamente, como lidar com as consequências decorrentes do fato ocorrido e suas implicações para o futuro.

Em instituições de ensino, a prática da justiça restaurativa se consubstancia comunitariamente, dependendo essa prática do esforço e perseverança de todos os agentes envolvidos no processo educacional. Desse empenho advém incalculáveis benefícios para as instituições e para todos que dela participam.

Essa nova forma de resolução de problemas, intitulada justiça restaurativa, surge para possibilitar um diálogo mais tranquilo e objetivo, apresentando um rito de aplicação bem organizado, capaz de tratar e restaurar as relações entre os envolvidos de forma integral, quer sejam eles professores, alunos, familiares de discentes ou gestores.

A plena implementação da cultura de paz requer tempo, posto que exige uma mudança de mentalidade que não se opera de um instante para outro. A sua persecução requer especial atenção a seis grandes diretrizes: respeito à vida,

---

25   Nesse sentido, confira-se: VON, Cristina. Cultura de paz: o que os indivíduos, grupos, escolas e organizações podem fazer para a paz no mundo. São Paulo: Peirópolis, 2006.

rejeição da violência, prática da generosidade, escuta atenta para obtenção de plena compreensão, preservação do planeta e redescoberta da solidariedade[26].

Transportada para o contexto educacional, a cultura de paz se revela como importante aliada do ensino acerca da consideração, da cidadania e da empatia, associadas à relevância do diálogo não violento, promovendo a equidade e a melhoria da qualidade de vida dos que integram esses ambientes, ao mesmo tempo em que reduz vulnerabilidades decorrentes de variáveis econômicas, políticas, sociais, culturais e ambientais.

Embora as vantagens da resolução harmoniosa de conflitos e da instituição de uma cultura de paz sejam quase intuitivas, fato é que, nas instituições de ensino, a busca pelo entendimento precisa ser ensinada. Tomar decisões e assumir consequências nem sempre é fácil, sobretudo para crianças de tenra idade, mas é um exercício essencial de democracia que envolve proposição, deliberação, ação, responsabilidade e justiça.

Só haverá sucesso na implementação dessa nova cultura se, em lapso temporal não muito extenso, as instituições de ensino passarem por grandes alterações, assumindo papel transdisciplinar e encarando uma nova forma de estudar o mundo e seus fenômenos, sem subdividi-los em matérias[27].

---

26   Nesse sentido, confira-se: SARMENTO, Manuel Jacinto. Infância, exclusão social e educação como utopia realizável in Educação, Sociedade e Culturas, n.17, 2002, pp-13-22.

27   Como ensina Gadotti: "Um novo mundo globalizado e informatizado se apresenta e com ele muitas áreas como a educação têm de rever conceitos, métodos e quebrar paradigmas para suprir as demandas do ensino". GADOTTI, M. Perspectivas atuais da educação. Porto Alegre: Artes Médicas, 2000.

A CONSTRUÇÃO DO DIÁLOGO, ASSERTIVIDADE E COMUNICAÇÃO NÃO VIOLENTA

A capacidade dialógica é um dos mais importantes elementos para o estabelecimento da vida nas sociedades contemporâneas. Entretanto, se a troca de mensagens é determinante para o desenvolvimento de atividades humanas, é certo que ela enseja um grande número de conflitos entre os interlocutores, já que nem sempre a comunicação se opera de forma eficaz.

Instituições de ensino protagonizam inúmeros entraves interpessoais refletindo, em boa medida, as contradições que se operam em determinado tempo e espaço sociais.

Não obstante, como ensina Paulo Freire, priorizar e potencializar as possibilidades existentes tem como objetivo desenvolver mecanismos educativos no horizonte da emancipação, equiparando-se as escolas e instituições de ensino à própria vida.

Toda instituição de ensino precisa estabelecer uma identidade própria a partir da qual irá lapidar a formação dos cidadãos, contribuindo para o aperfeiçoamento das relações intra e extraeducacionais. Eventuais conflitos surgidos devem ser positivamente transformados, a fim de que motivem a convivência e a correta superação das celeumas desencadeadas pelo encontro de diferenças que, frequentemente, ameaçam a estabilidade dos vínculos grupais.

Sob esse aspecto, portanto, a mediação em ambientes educacionais contribui para o atingimento de efeito duradouro nas relações, não apenas no ambiente educacional em que ela se operou mas, sobretudo, nas demais interações sociais atinentes ao meio em que os indivíduos estão inseridos.

É certo que em um Estado Democrático de Direito ninguém deve ser educado para obedecer, não se prega a doutrinação e sim a observância de limites que levam à colaboração e ao respeito a direitos alheios. Esse clima democrático pressupõe, pois, uma nova dimensão dos sistemas educacionais na qual eles se reconstroem de tempos em tempos, pautados em novos valores e premissas, sempre orientados pelo estabelecimento do diálogo ponderado e pela persecução da pacificação social[28].

Frise-se que não é possível alcançar a transformação social e o progresso sem implementação eficaz do diálogo porque os seres humanos são, essencialmente, seres comunicativos. É imprescindível que essa comunicação se opere de forma assertiva, ou seja, que a mensagem seja emitida perseguindo determinado (s) objetivo (s), salvaguardando a coerência entre os sentimentos, pensamentos e atitudes.

Para que uma comunicação não violenta se estabeleça, à capacidade dialógica devem ser associadas a capacidade de compreensão, a empatia, aguçada escuta e espírito conciliador. É em parceria honesta que se coconstroem soluções capazes de restabelecer a paz e a ordem.

A pseudovulnerabilidade que se revela quando sentimentos, angústias, receios e mágoas são revelados, em verdade, são elementos edificantes que fortalecem os vínculos fragilizados e contribuem para o atingimento de uma satisfatória solução para o impasse. Portanto, ao contrário do que se poderia erroneamente imaginar, o sucesso do diálogo estabelecido por meio de mediações em ambientes educacionais, não depende de demonstrações de força e frieza sentimental. Alunos, gestores, familiares e professores precisam ter ciência de que demonstrar tristeza, angústia, alegria e preocupação não os enfraquece, tampouco os coloca em posição de desvantagem comunicativa. Tão importante quanto o que se diz, é aquilo que o corpo comunica à parte adversa. Chorar, desabafar e pedir auxílio, só evidenciam estar a parte absolutamente aberta ao diálogo franco, sem filtros ou estratégias defensivas. Os envolvidos precisam ter em mente que, nessas oportunidades, não se busca identificar um

---

28   Nesse sentido, confira-se: ANDRADE, Fernando Cézar Bezerra de. Ser uma lição permanente: psicodinâmica da competência inter-relacional do (a) educador (a) na gestão de conflitos e na prevenção da violência na escola. João Pessoa: 2007. Tese de doutorado em educação apresentada à Universidade Federal da Paraíba. Veja-se, ainda: BAKHTIN, Mikhail M. Estética da criação verbal. Tradução feita por Paulo Bezerra, 2ª edição. São Paulo: Martins Fontes, 2003.

culpado, não há uma parte certa e outra, necessariamente, errada. O que há é, tão-somente, um problema que se evidencia e que gera, em alguma proporção, desconforto a pelo menos uma das partes litigantes.

Adotar posturas defensivas ou lançar mão de subterfúgios para escapar do diálogo honesto não colabora em nada para a superação do impasse. Pelo contrário, quando assim procedem os interessados, o conflito tende a se agravar, assumindo, o problema inicial, proporções ainda maiores e distanciando-se as partes, cada vez mais, de um entendimento possível.

Pelos mesmos fundamentos, não há problema algum em se assumir que a parte contrária tem razão em suas colocações. É bastante habitual instituições de ensino rejeitarem todas as colocações feitas por alunos e familiares quando implicam em algum tipo de crítica ao sistema ou a seus docentes. Em geral, os gestores entendem que acolher os argumentos dos alunos e suas famílias implica em um reconhecimento implícito da baixa qualidade de ensino da instituição. Esse raciocínio é falacioso e precisa ser desconstruído[29]. Assim como não há necessidade de se ocultarem sentimentos que vem à tona durante o diálogo, é igualmente dispensável rebater todos os argumentos suscitados pelo oponente, visto que essas posturas criam um ciclo de recusa que não edifica e que compromete, em definitivo, a progressão do entendimento. Cumpre repetir que, o que se persegue como objetivo final, é o entendimento e a superação do problema. É desejável, assim, que gestores estejam abertos ao entendimento e que, sempre que entenderem haver razão no discurso feito pela parte contrária, nesse sentido se manifestem, comprometendo-se a acompanhar a questão e a intervir de forma adequada, se o problema necessitar dessa atuação.

Ressalte-se, por oportuno, que a comunicação não violenta distingue a expressão de sentimentos verdadeiros da manifestação de colocações que

---

29   Nesse sentido, confira-se: ROSEMBERG, Marshall B. Comunicação não violenta: técnicas para aprimorar relacionamentos pessoais e profissionais. São Paulo: Ágora, 2006.

tenham por objetivo único julgar, avaliar e criticar. Portanto, é comum, sob o argumento de estarem se colocando com sinceridade, as partes formularem acusações ao comportamento da parte adversa cujo objetivo real é promover a autodefesa e o enfraquecimento das posições manifestadas pelo oponente. Como não se trata de uma disputa, comportamentos de agressividade verbal e de formulação de críticas infundadas e não construtivas, descaracteriza o diálogo perseguido e não consagra quaisquer vencedores.

Como decorrência natural do que foi exposto, conclui-se que assume especial destaque, no processo de comunicação não violenta, a escuta ativa. Só se chega à justa composição para um conflito quando os envolvidos demonstram interesse real, genuíno e integral no outro. Essa escuta sensível pressupõe a aceitação integral do que é apresentado pelo outro sem julgamentos, medições e comparações. Não se trata de concordar com o que está sendo dito mas, tão-somente, de aceitar-se que um mesmo problema pode contar com diferentes percepções, conforme o ponto de vista daquele que faz a análise. O que se exige é a compreensão em torno da colocação alheia e não a adesão ou identificação com o que está sendo enunciado ou praticado[30].

Ademais, deve se compreender a escuta em seu aspecto mais amplo, de forma que as partes captem, com atenção, tanto o que é dito quanto o que não é efetivamente falado, mas é apenas sugerido ou corporalmente sinalizado. Quando os interlocutores se revelam compreensivos em relação ao que foi apontado pela parte contrária, as emoções são legitimadas e se torna mais fácil a exploração dos sentimentos como mecanismos eficazes para a construção de uma solução negociada[31].

---

30   Nesse sentido, confira-se: BARBIER, René. A pesquisa-ação. Tradução de Lucie Didio. Brasília: Líber Livro Editora, 2004 (série pesquisa em educação, volume 3).

31   No sentido do texto, confira-se MOORE, Christopher W. O processo de mediação: estratégias práticas para a resolução de conflitos, 28ª edição. São Paulo: Artes Médicas, 1998. Veja-se, ainda, BICKMORE, K. Teaching conflict and conflict

É no fundamental fortalecimento da confiança mútua e na visão integral do outro que surge, indubitavelmente, o embrião para a célere e justa resolução de conflitos não havendo, na totalidade de casos, um único caminho a ser perseguido, posto que no espaço educacional se manifestam diferentes classes de comportamentos humanos, cada qual com suas especificidades a indicar, diante das circunstâncias do caso concreto, maior ou menor esforço para que se dê o estabelecimento do diálogo e o atingimento da paz.

PREMISSAS DA MEDIAÇÃO

Um Código de Ética do mediador contempla, nos dias atuais, as diretrizes fundamentais para que haja o desempenho adequado desse facilitador do diálogo.

Em que pese não haver um caminho único a ser observado durante o estabelecimento das mediações, sendo importante observarem-se quem são as partes envolvidas e quais são as peculiaridades que marcam o caso concreto para se estabelecer o melhor método para a obtenção da paz, há princípios basilares a serem aplicados sobre os quais não se pode transigir.

Confere-se relevo, ab initio, à liberdade das partes, que indica a necessidade de se respeitar a manifestação espontânea dos envolvidos não admitindo-se a incidência sobre eles de ameaças, coações ou pressões.

Tem incidência obrigatória, também, a premissa de não-competitividade que estabelece estarem as partes envolvidas em um ciclo cooperativo e negocial, não havendo sentido o estabelecimento de competições entre elas posto que, em hipótese alguma, a mediação tem por foco encontrar um culpado nem, tampouco, eleger um vencedor e um perdedor. O que se persegue, ao final da mediação, é a satisfação de ambos os envolvidos, consubstanciada na decisão que eles ajudaram a construir.

---

resolution in school: extra curricular considerations. In RAVIV, Amiram et. al. How Children understand war and peace: a call for international peace education.

Tem relevo, ademais, a premissa que fixa o poder decisório como sendo de exclusividade das partes, por estabelecer que aos litigantes envolvidas no conflito, e só a eles, cabe estabelecer como será o litígio resolvido. Frise-se que o mediador é mero facilitador do diálogo, não lhe competindo decidir o impasse, o que o afasta das figuras do conciliador, do árbitro e do Juiz.

Fundamental é, ainda, a imposição de parcialidade ao terceiro que funcionará como mediador. Com efeito, cabe a ele conferir tratamento isonômico aos litigantes, não conferindo privilégios a nenhuma das partes e concedendo, a todos os participantes da mediação, o mesmo tempo para que exponham seus argumentos devendo, inclusive, conferir a todos a mesma atenção e cordialidade.

Ponto relevante é a adequada capacitação do mediador. É quase intuitivo que, para o sucesso da mediação, é indispensável que o mediador esteja capacitado para o exercício da função. Deve, assim, deter características que o habilitem a exercer esse papel como diligência, prudência, paciência e sensatez. É desejável que o mediador tenha passado por capacitação técnica que lhe fornecerá, de maneira objetiva, técnicas que, aplicadas na prática, colaboram para o êxito dos processos de mediação. Não obstante seja o treinamento técnico desejável, não é requisito fundamental para a validade da mediação extrajudicial, nos moldes estabelecidos em instituições de ensino quando ainda não houve a judicialização da questão apresentada, que o mediador tenha passado por cursos de formação e capacitação[32].

---

32   Cumpre destacar que, como cediço, a mediação, ou seja, o processo de diálogo entre as partes facilitado por um terceiro imparcial ao qual se chama de mediador, pode ocorrer extrajudicialmente (quando a questão controvertida ainda não foi judicializada) ou judicialmente, quando o assunto controverso já materializou se em ação proposta no Poder Judiciário. Do mediador extrajudicial não se exige uma formação específica, razão pela qual cursos de formação e aperfeiçoamento são dispensáveis. Pode atuar como mediador extrajudicial qualquer pessoa capaz, que conte com a confiança das partes envolvidas no caso conflituoso. Distinto é o tratamento a ser conferido ao mediador judicial. De acordo com a lei de mediação (lei nº 13140/15), pode atuar

Ressalte-se que não há efetiva mediação quando é a própria parte envolvida em um conflito que busca o outro interessado para tentar compor o problema. Assim, por exemplo, se um gestor ofendido por um aluno chama a família para, em conjunto, estabelecer a solução a ser conferida pelo ato praticado pelo aluno, o que se tem, tecnicamente, é negociação, prática que, como já destacamos, prescinde da intervenção de um terceiro imparcial para compor o conflito. Por outro lado, se o aluno ofende um processor e um gestor chama o aluno (e/ou seus familiares) e o professor em questão para que se busque a melhor solução para a hipótese, sendo esse gestor capaz de atuar com imparcialidade e atento às demais premissas que estamos fixando nesse momento, teremos a instauração de um típico processo de mediação educacional.

Outra relevante premissa da mediação é a informalidade do processo, que indica que não existem regras rígidas a serem observadas para a instauração e sucesso da mediação. Não há, pois, forma predeterminada a que todas as mediações devem se sujeitar, devendo ser respeitadas as peculiaridades dos indivíduos e de cada problema proposto.

A confidencialidade da mediação também é premissa importante, de forma que o mediador não pode revelar a terceiros o que foi dito pelas partes durante a sessão de mediação. Há o dever ético de manutenção de sigilo por parte dos mediadores aos quais cabe atuar como protetores do processo de mediação,

---

como mediador judicial qualquer pessoa graduada há pelo menos dois anos em curso superior de instituição reconhecida pelo Ministério da Educação com capacitação em escola ou instituição de formação de mediadores, reconhecida pela Escola Nacional de Formação e Aperfeiçoamento de Magistrados ou pelos tribunais, com observância dos requisitos mínimos estabelecidos pelo Conselho Nacional de Justiça, em conjunto com o Ministério da Justiça. Há, nessa hipótese, maior formalidade e exigência mais severa em torno dos requisitos a serem preenchidos por quem pretende ser mediador judicial por serem estes tidos como auxiliares da justiça, prática elogiada, na medida em que a flexibilização desses requisitos, no que tange à caracterização do mediador extrajudicial, fomenta sua prática na realidade das instituições de ensino brasileiras que, na quase totalidade das vezes, não possuem profissionais especializados nessa forma autocompositiva de solução de conflitos.

garantindo a lisura e integridade do procedimento. Portanto, não pode o mediador criar laços de identificação com nenhuma das partes, não lhe sendo permitido revelar anseios e convicções para nenhum dos envolvidos.

A boa-fé é premissa determinante para o sucesso da mediação pois, do contrário, resta inviabilizado o diálogo franco e justo. A sinceridade de intenções tem relevo, inclusive, para que não se dê a indevida manipulação de uma das partes, o que conduziria a um acordo frágil, com ampla probabilidade de descumprimento[33].

ETAPAS DO PROCESSO DE MEDIAÇÃO PARA A RESOLUÇÃO DOS CONFLITOS

Como já frisamos, não há um único caminho para que se dê o sucesso do processo de mediação, mas a doutrina[34] costuma indicar seis etapas fundamentais a serem seguidas na mediação e algumas técnicas que conduzem a bons resultados, notoriamente, quando se consideram as especificidades de um processo de mediação educacional.

É desejável que se realize uma pré-mediação com cada participante individualmente, cabendo ao mediador apresentar-se e esclarecer os princípios que devem ser seguidos. Deve o mediador, nessa oportunidade, alertar para a importância da manutenção do respeito mútuo, criando-se um elo de confiança entre o mediador e as partes envolvidas no conflito, abrindo caminho para um diálogo pacífico.

---

33   No sentido do texto, confira-se: SALES, Lília Maia de Morais. Justiça e mediação de conflitos. Belo Horizonte: Del Rey, 2004.

34   Confira-se, por todos, SALES, Lília Mais de Morais. Mediare: um guia prático para mediadores, 3ª edição. Fortaleza: Universidade de Fortaleza, 2010.

Ato contínuo, estabelece-se a mediação norteada, inicialmente, pela etapa de apresentação aos envolvidos do conflito, do que vem a ser um processo de mediação e pela fixação dos poderes de que dispõe o mediador.

Numa segunda etapa evolutiva, as partes começam a falar sobre os fatos que ensejaram a mediação, sendo dado a elas o poder de eleger quem começará a fazer a exposição.

Apresentados os argumentos dos interessados, o mediador faz um resumo do que foi exposto, requerendo às partes que intervenham caso percebam incorreções. Nesse momento, deve o mediador destacar os pontos positivos, de convergência, criando base sólida para a comunicação entre os litigantes.

Na quarta etapa da mediação, as partes iniciam diálogo direto com maior profundidade surgindo aqui, não raras vezes, contradições, divergências, indefinições e obscuridades.

A quinta etapa é marcada pela fixação de conclusões. Sem impor soluções para o caso, o mediador sintetiza os temas abordados no diálogo estabelecido, orientando as partes acerca da forma como devem raciocinar em busca de soluções satisfatórias e do estabelecimento de um acordo que se revele exequível.

Em uma etapa final, deve o mediador redigir os termos do que foi acordado pelas partes, em linguagem fácil que possibilite às partes compreender o que está sendo colocado. O termo deve, ainda, observar todas as exigências de decisão oriunda de um processo extrajudicial.

Embora não haja rigor acerca de alguns pontos, é recomendável, para o sucesso da mediação, que as partes se sentem, se possível, em mesa redonda, cujo formato evita a percepção de que há antagonismo e lados opostos presentes no espaço em que a mediação se efetuará.

No cenário da mediação educacional recomenda-se, ainda, que o mediador faça contato visual com as partes a todo tempo, transmitindo-lhes confiança e o conforto necessário para que revelem seus sentimentos e se sintam por ele acolhidas. É relevante, ainda, que o mediador busque não interromper as partes enquanto falam, para que não haja recuos na exposição e porque, comprovadamente, deixar a parte falar é, por si só, um mecanismo que a ajuda a aliviar a tensão.

Por fim, especificamente nas hipóteses em que o gestor da instituição de ensino atua como uma das partes envolvidas no conflito, é essencial, quando se comprometer a acompanhar determinada situação, que dê a parte contrária, algum tempo depois, um feedback acerca do desenrolar dos fatos.

Isso porque, não raras vezes, gestores fazem sinalizações positivas às famílias de alunos assumindo, verbalmente, compromissos que extinguem, implicitamente, as demandas. Tempos depois, entretanto, as famílias não se sentem capazes de identificar mudanças efetivas no cenário que levou à celeuma e, em muitas ocasiões, são levadas a acreditar que o gestor faltou com a verdade e que a intervenção prometida não se efetuou. Essa sensação de quebra de legítima expectativa não é desejável porque cria um entrave desnecessário em situações futuras que venham a impor, uma vez mais, o contato e o diálogo entre os mesmos indivíduos. É comum, inclusive que, ante a promessa realizada, o gestor realmente atue e adote uma série de providências para sanar o problema. Entretanto, a falta de retorno à parte interessada conduz, falsamente, à sensação de que atuou o gestor com indiferença e que só assumiu pontuais compromissos para pôr fim ao litígio.

Conclui-se, então, no que tange à atuação das partes de um conflito que, tão importante quanto empenharem-se na superação do impasse e no cumprimento do acordado é, nas hipóteses em que há um envolvimento de um gestor, haver o cuidado de conferir feedback à parte contrária porque, em última análise, é esse cuidado com o fechamento da causa que evidenciará a boa-fé dos litigantes e o intuito sincero de promover a construção conjunta de um ambiente orientado pela paz e pela ordem.

MEDIAÇÃO ELETRÔNICA E ATRIBUTOS DE UM BOM MEDIADOR NO AMBIENTE VIRTUAL

A mediação distingue-se da negociação, pois insere-se um terceiro imparcial para auxiliar na negociação. Ou seja, o mediador, em última análise, auxiliará as partes a tornarem a comunicação mais eficiente e, teoricamente, tornará todo o procedimento de negociação mais célere. Além disso, na mediação eletrônica a tecnologia auxiliará o procedimento a ser mais barato, mais flexível. Ocorre também a redução de eventual desequilíbrio de forças que possa existir entre as partes.

Mediadores experientes desenvolvem um caixa de ferramentas de técnicas (toolbox) para facilitar a comunicação, gerar ofertas, explorar possibilidades e construir a confiança. O mediador, portanto, seja virtualmente ou presencialmente, pode atuar como mero facilitador, ou seja, intermediário que não aconselha as partes. Poderá atuar como avaliador, analisando o mérito da disputa e alertando as partes sobre suas chances de sucesso. Por último, poderá atuar de maneira transformativa, de forma a melhorar a comunicação das partes para que compreendam melhor a perspectiva do outro. Como a maior parte das mediações realizadas no ambiente virtual são oriundas de litígios de e commerce, a primeira modalidade (facilitadora) torna-se a mais corriqueira. As modalidades avaliativas e transformativas terão mais eficácia em mediações conduzidas por videoconferência.

Merece destaque o principal atributo que um mediador deve possuir em um procedimento de mediação online ou face-to-face: confiança. A confiança, conforme abordado, é considerada, em qualquer procedimento de solução de conflitos, como condição essencial para a troca de informações, sendo capaz de gerar empatia, generosidade e uma sequência de movimentos das partes em prol de um acordo. Um ambiente pautado na confiança reduz, significativamente, o fator medo das partes e, por conseguinte, um comportamento retraído em termos de solução. Em suma, gera um ambiente de cooperação.

A desconfiança, por outro lado, gera um comportamento defensivo e, acima de tudo, faz com que as partes acreditem que qualquer ação em prol da cooperação será usada contra ela (por exemplo, fará a outra parte pensar que está cooperando porque possui um direito fraco e, por conseguinte, menores chances de vitória em um procedimento adjudicatório posterior). A confiança na mediação é uma via de mão dupla, uma vez que deve ser construída não somente entre as partes, mas também entre partes e mediador. Portanto, a habilidade do mediador de gerar empatia (rapport) com as partes é considerada a habilidade para um profissional da área.

A mediação online[35] pode ocorrer de forma síncrona (através de videoconferência) ou assíncrona (através de e-mail principalmente). Quando tratamos de mediação online, a tecnologia pode se tornar uma grande aliada, se bem utilizada, uma vez que aproxima as partes que não podem, ou não desejam, estar no mesmo lugar fisicamente. Pode, ainda, tornar-se uma grande inimiga, uma vez que a comunicação à distância pode gerar níveis maiores de desconfiança.

Com o uso da tecnologia inserimos uma quarta parte na mediação, assim entendida a mídia que será utilizada e que viabilizará a comunicação. Toda mídia possui suas vantagens e falhas e é nesse momento que um profissional bem treinado fará a diferença e saberá utilizar a tecnologia como sua aliada. O mediador, ao usar a tecnologia em um procedimento de ODR, deverá estabelecer estratégias para vencer as dificuldades criadas pela mesma, como por exemplo, estabelecer confiança com as partes o quanto antes e fazer com que estas não dependam da leitura do comportamento não-verbal.

Um mediador deve, devido aos efeitos da mídia, conduzir um procedimento online de maneira mais clara possível e se certificar, a todo momento, de que as

---

35   Vide exemplos de mediação e arbitragem online realizada por provedores de serviços britânicos de solução de conflitos para sítios de apostas virtuais nos termos do UK Gambling Act de 2005 em FERREIRA, Daniel B. Apostas esportivas online no Brasil e solução de conflitos. Disponível em https://www.jota.info/opiniao-e-analise/artigos/apostas-esportivas-online-no

brasil-e-solucao-de-conflitos-22032020. Acesso em: 04.03.2020.

partes compreenderam da maneira certa, e na medida adequada, a mensagem enviada.

O mediador deve assumir o papel de esclarecedor da mensagem. A utilização do cáucus (reuniões individuais) de maneira correta auxiliará muito na construção da confiança e do rapport. Em contrapartida, se utilizado em momento equivocado, poderá atrapalhar o pensamento e a interlocução conjunta.

Ademais, o mediador pode se deparar com partes que nunca fizeram uso da mídia que será utilizada. Nesse momento, a realização de uma explicação da tecnologia pode ser essencial para o sucesso da mediação, uma vez que torna o ambiente mais confortável para as partes. Esclarecer para os envolvidos, no discurso inicial, que é normal que elas sintam eventual desconforto em um primeiro momento, poderá gerar um grau de empatia já no início do procedimento. O bom mediador deve ser capaz de prever a desconfiança e atuar de maneira preemptiva.

Vale ressaltar que a comunicação anterior ao início do procedimento com as partes também é essencial para a construção da empatia.

Portanto, a única maneira de criar empatia e confiança entre as partes em um processo de mediação online é através de um profissional que seja capaz de: se conectar com as partes gerando rapport; estabelecer confiança o mais rápido possível; desconstruir a desconfiança; demonstrar que a tecnologia é aliada das partes; e de promover proximidade dentro do distanciamento natural gerado pela mídia.

O mediador, principalmente devido aos efeitos da mídia, deve exercer a função de facilitador da comunicação. Sendo assim, deve ser capaz de amplificar o nível de presença social permitido pela mídia e de reduzir o distanciamento psicológico das partes. Deverá, também, ter atenção especial às partes localizadas em países distintos, com diferentes cultura e língua (o que também é uma preocupação na mediação tradicional, mas que pode ser maior ainda com a utilização da tecnologia).[36]

A PREVENÇÃO E GESTÃO DE CONFLITOS ESTABELECIDOS EM AMBIENTES DE APRENDIZADO: MÚLTIPLAS VARIÁVEIS

As práticas pedagógicas não prescindem da autoridade do professor. Esta deve ser compreendida não como um poder que envolve dominação, mas no sentido de pleno domínio daquilo que lhe compete no exercício da docência.

A competência do professor é, ainda, hierárquica em razão da posição que ocupa no sistema de organização do ensino. Na relação entre professores e alunos identifica-se, pois, uma relação de poder institucionalizado que se efetiva na organização escolar. A autoridade que o professor coloca a serviço da formação de um aluno é um compromisso que se assume com o discente, com sua família e com a sociedade em que ele está inserido e, por isso mesmo, deve se apoiar na eticidade e no compromisso com o ato de educar para formar cidadãos autônomos. Portanto, não se confunde a referida autoridade com o autoritarismo, já que seu objetivo é viabilizar a caminhada conjunta entre docentes e discentes em prol de objetivos comuns. Nessa caminhada, a relação vai aos poucos se democratizando e, à medida em que o aluno se desenvolve, o professor vai se desprendendo de sua inicial autoridade. Parte-se, pois, da

---

36   COLE, Sarah R. et. al. Online Mediation: Where we have been, where we are now, and where we should be. University of Toledo Law Review, vol. 38, p. 203.

desigualdade de condições e alcança-se a igualdade plena entre os personagens considerados[37].

Vislumbra-se o exercício da autoridade do professor em três diferentes níveis: a autoridade profissional é exercida por meio do domínio da matéria, a autoridade moral está ligada à personalidade do professor e se reflete em traços do seu caráter. Por fim, a autoridade técnica está atrelada às habilidades indispensáveis de eficácia na transmissão de informações, refletindo a capacidade comunicativa do docente. Por óbvio, quanto maior a autoridade técnica do professor, menores serão os conflitos surgidos em instituições de ensino.

Resta claro, portanto, que não obstante se apresente a mediação como importante mecanismo para a resolução de conflitos instituídos nas diferentes instituições de ensino, nos mais diversos segmentos, a atuação preventiva sempre deve ser priorizada. Nessa senda, investir na qualificação dos professores e no aprimoramento de sua autoridade técnica, capacitando-o para o estabelecimento de um diálogo estimulante e produtivo com os estudantes torna-se fundamental, na medida em que o aprimoramento do diálogo na relação entre alunos e professores tem o condão de mudar a perspectiva sob a qual o aluno é compreendido. Em outras palavras, estabelecidos com perfeição os canais de diálogo, passa o discente a figurar como sujeito e não como objeto da educação, conservando-se o respeito por sua liberdade de construir a si próprio, de projetar-se e de ter sua autonomia assegurada.

---

[37]   No sentido do texto, confira-se: VASCONCELLOS, Celso do S. Disciplina escolar: adequação e transgressão-uma tensão necessária. Brasília: Revista de Educação AEC, n.103, v.26, abr/jun, 1997, pp:91-103.

QUALIDADE DA INSTITUIÇÃO DE ENSINO E SUA INTERVENÇÃO FRENTE AOS CONFLITOS

A redução dos conflitos em ambientes educacionais pressupõe, o combate à indisciplina que, por sua vez, só se opera quando os estabelecimentos educacionais se transformam em organizações promotoras da cultura de paz nas quais se ofereça educação de qualidade para atingimento da equidade social e da cidadania plena.

A sociedade contemporânea vem demandando uma cultura de paz fundada em valores holísticos, capazes de promover a erradicação da violência em todo o mundo. Anseia-se por um novo tipo de instituição de ensino em que a cultura antropocêntrica seja abandonada e na qual mudanças radicais sejam incorporadas[38].

Contudo, poucos são os educadores aptos a realizá-las porque receberam formação antropocêntrica, porque são submetidos à precárias condições de trabalho, à sobrecarga de tarefas, ao isolamento profissional, à fragmentação de espaço, à má remuneração, à falta de compromisso governamental com políticas públicas associadas à educação, etc.

Nas instituições de ensino em que se busca a gestão democrática por meio da coparticipação dos envolvidos nos processos decisórios, professores e alunos se sentem mais engajados nas políticas e práticas instituídas. O senso de pertencimento é reforçado e todos sentem-se motivados para seguir regras e observar as diretrizes fixadas.

Cabe aos teóricos da educação, ao proporem projetos pedagógicos, desvincularem-se da teoria pura para considerar a realidade que envolve crescente indisciplina dos alunos e, por conseguinte, aumento substancial dos números de conflitos instituídos em ambientes educacionais. Devem dedicar atenção, ainda, aos propósitos dos professores, apoiando suas aspirações

---

38   No sentido do texto, confira-se CHARLOT, Bernard. Op. Cit, pp:13-18.

e oferecendo oportunidades para o confronto de crenças e pressupostos subjacentes à sua prática cotidiana. É necessário escutar o que os docentes têm a dizer e não tratar estratégias como planos perfeitos, não passíveis de críticas.

Ambientes educacionais são seres vivos, estão em constante mutação, de forma que nada do que se praticou no passado tem sucesso garantido ao ser repetido no presente. Estabelecimentos de ensino precisam existir como comunidades em que professores tenham liberdade para discutir questões e criar um senso comum.

O combate eficaz aos conflitos em centros educacionais é fenômeno complexo que requer a conjugação de perspectivas e o somatório de esforços.

O educador de hoje enfrenta desafio imensurável, jamais imaginado anos atrás. Promover a socialização e correta formação de indivíduos é missão que se agiganta a cada dia, na exata medida em que as famílias se deterioram, as religiões declinam, reduz-se o contato dos educandos com seus pais e amplia-se a exposição às imoralidades sociais.

Em outras palavras, só se alcançará sucesso na tarefa de prevenir o surgimento de novos conflitos em instituições de ensino se os educadores se reinventarem, passando a atuar apoiados em métodos que lhes deem o necessário respaldo para equacionarem as circunstâncias de desequilíbrio em sala de aula, sempre traduzidos em manifestações de indisciplina e violência.

A PRÁTICA MEDIADORA PEDAGÓGICA: O PAPEL DA INSTITUIÇÃO DE ENSINO

Para atuar eficazmente na prevenção e resolução de conflitos em ambientes escolares é preciso se entender, com clareza, o que cada instituição entende por indisciplina. Não é raro, sobretudo em escolas, que haja diversos gestores (coordenadores) em atuação nos diferentes segmentos. Nessas ocasiões, é determinante que uniformizem as atuações disciplinares, pois eventual conduta sancionada por um deles não pode, em cenário bastante similar, ser aceita impunemente pelo outro. O mesmo se diga quando há em instituições de ensino superior gestores diversos para cada um dos cursos oferecidos.

A internalização subjetiva do que é indisciplina, levando cada gestor a agir segundo entendimento próprio, gera confusão nos demais personagens da cadeia educacional e enfraquece, significativamente, a ideia de comunidade, tão salutar nesses ambientes.

Via de regra, as instituições de ensino instituem o conceito de disciplina a partir da noção de ordem materializada em regras individuais e coletivas. Nesses espaços, alunos costumam ser tratados como iguais, submetendo-se não apenas às mesmas normas mas, também, à atividades que controlam tempo, espaço, movimentos, gestos e atitudes, impondo-lhes postura que reflita docilidade[39].

A crença de que existe um único tipo de comportamento a que se pode chamar de disciplinado é responsável por muitas das aflições que são vividas no que tange à suposta indisciplina dos alunos. Por essa razão, parece-nos razoável que a noção de indisciplina seja flexibilizada estabelecendo, as instituições de ensino, de maneira bastante objetiva algumas faixas de atuação. Ter-se-ia, assim, uma primeira faixa caracterizada por posturas que, indubitavelmente, são tidas por condizentes com os parâmetros desejados de disciplina. Em sentido diametralmente oposto, uma segunda faixa deve apontar, com a mesma objetividade, uma série de comportamentos tidos por inaceitáveis. Entre ambas é desejável que exista uma zona que comporte a inserção de algumas atitudes que merecem atenta análise para que, só então, sejam caracterizadas como atos de disciplina ou indisciplina. Frise-se, uma vez mais, que feita a tipicação da conduta, em princípio nebulosa, todos os gestores devem encampá-la, passando a tratar casos análogos de idêntica maneira para evitar a instabilidade na relação entre os sujeitos.

---

39   Nesse sentido, confira-se GUIMARÃES, A.M. A dinâmica da violência na escola: conflitos e ambiguidade. Campinas: Autores Associados, 1996, p.78.

É papel das instituições de ensino, buscando reforçar a disciplina e diminuir os conflitos que as envolvem, repensar a disciplina como uma prática social essencial para o estabelecimento do convívio harmônico entre pessoas essencialmente diferentes. Sob esse aspecto, a disciplina não deve ser imposta apenas aos alunos cujo senso crítico e capacidade de questionamento, aliás, jamais devem ser podados sob o argumento de que caracterizam atitudes transgressoras. Todos os envolvidos no processo de ensino e aprendizagem devem, pois, atuar de maneira disciplinada, posto que essa noção está relacionada à forma como a escola organiza e desenvolve seu trabalho.

Cabe às instituições de ensino, portanto, evidenciar para todos os agentes do ciclo educacional qual o sentido da sua existência, quais são seus elementos identificadores sempre atentas ao exercício da função social que lhes compete. Ambiente de ensino não é local para doutrinação, mas para o estabelecimento de pensamento crítico e salutar troca de ideias, uma vez que os sistemas políticos, sociais, econômicos e culturais promovem exclusão e não asseguram lugar para todos. É a luz dessa realidade que cabe às instituições de ensino orientar seus estudantes para a importância do estudo, a fim de que adquiram competências e, com isso, passem a atuar como agentes transformadores da sociedade.

A prevenção dos conflitos em instituições de ensino requer, pois, mediação pedagógica, externada numa nova forma de compreender a relação entre os protagonistas do processo educacional. Para que assim seja, objetivos comuns devem ser construídos com compreensão e esforço coletivos. Aos alunos cabe respeitar a instituição. A esta cabe respeitar o pensamento discente. Surge, pois, um novo horizonte, uma espécie de pacto social ancorado no respeito, na coerência, na colaboração e na busca da pacificação.

A PRÁTICA PEDAGÓGICA NO COMBATE AO CONFLITO EDUCACIONAL: O PAPEL DO PROFESSOR

É comum que instituições de ensino busquem uniformizar não apenas a atitude de alunos mas, também, de seus professores. O fato é que cada professor tem uma linha própria de pensamento que não deve ser combatida bastando que se busque, tanto quanto possível, compatibilizá-la com as diretrizes fixadas pelos centros educacionais, para que os discentes não percam a referência a ser seguida.

Sabidamente, há professores que se filiam às teorias progressistas e aqueles que preferem atuar em moldes mais tradicionais. Essas diferentes orientações trazem impacto bastante direto na forma como os professores entenderão a in(disciplina). Para os mais tradicionais, só se atinge a disciplina por meio da repressão, o que pode debilitar a relação pedagógica, levando o aluno a desenvolver ódio surdo e paralisante que, por debaixo da falsa harmonia do respeito formal, destrói o relacionamento e o compromisso educacional.

Para os que se filiam à prática liberal, não há sentido na imposição de regras, parâmetros e limites a serem observados, sendo certo que a falta de clareza acerca do que se espera do estudante acaba por levar à atitudes não condizentes com um ambiente educacional, passando a indisciplina a tomar conta das salas de aula.

O radicalismo em ambas as visões produzem resultados indesejáveis, embora estejamos falando de práticas opostas. Os professores mais tradicionais não permitem o exercício da liberdade para que não se perca o controle e os liberais não permitem o exercício de controle para não se tornarem tradicionais. Atuando assim, ambos acabam ocasionando indisciplina, um por reprimir demais e o outro por ser liberal demais, formando-se um círculo vicioso fechado em si próprio[40].

---

40   Assim se posiciona Vasconcellos: "O que angustia é ver que justamente o tipo de professor que se desejaria ter-aberto, crítico, consciente, com uma proposta pedagógica significativa-, não querendo reproduzir a prática autoritária, mas não tendo clareza da nova postura, se perde no meio do caminho: na busca de uma postura libertadora acaba chegando a uma postura liberal-espontaneísta (refletida na falta de compromisso, de responsabilidade, de disciplina, de conteúdos, etc.)". VASCONCELLOS, Celso do S.

Prega-se, pois, a busca pelo equilíbrio entre as duas tendências. É desejável que se trabalhe em uma linha progressista onde a busca pelo aperfeiçoamento se faz constantemente porque, como já ressaltamos, escolas e demais instituições de ensino são seres vivos. Busca-se docentes que sejam pessoas críticas, com capacidade de autoanálise, maleáveis e tendentes a mudar a realidade. São esses os professores que enfrentam menor números de conflitos com alunos, gestores e seus familiares.

De toda forma, qualquer que seja a linha de atuação eleita pela instituição de ensino, deve ela ser replicada de forma assertiva por seus professores. Cada um deles deve ter em mente que representa a própria instituição de ensino quando está em sala de aula. A falta de convicção em torno do que está sendo proposto leva a um afrouxamento da imposição de limites acumulando-se, por conseguinte, as dificuldades enfrentadas, podendo se chegar ao caos.

Todo docente tem em mãos papel fundamental na formação de novas gerações que, espera-se, sejam melhores que as anteriores. O desenvolvimento dos seres humanos não pode se estabelecer sem a mediação oriunda do trabalho do professor. Em sala de aula, surgem as mais complexas redes de relações e delas advém, em inúmeras oportunidades, conflitos. Cientes dessa realidade, professores devem estar atentos à essas manifestações, caso contrário, protagonizarão, direta ou indiretamente, indesejáveis confrontos.

MOTIVAÇÃO E ESTÍMULO: O PAPEL DOS ALUNOS E SUAS FAMÍLIAS

É nas relações vividas em coletividade que o ser humano se desenvolve e lapida sua personalidade. Há períodos do desenvolvimento humano especialmente intensos e significativos, oportunidades em que os pais assumem responsabilidades ainda maiores frente à formação de seus filhos.

Op. Cit, p.32.

Aos pais, deve ficar claro que não há educação possível sem o estabelecimento de limites e que o respeito a limites depende, a todo tempo, da educação que conferem aos seus filhos. No seio familiar, portanto, educação e disciplina assumem relação de causa e consequência, dependendo a observância de um dos elementos da instituição simultânea do outro.

Não é razoável delegar-se às instituições de ensino o papel formativo fundamental que, desde sempre, é de responsabilidade familiar. Precipuamente, a instituição de ensino informa e a família forma, sendo necessária a clara definição de papéis, o que não impede que, em caráter complementar, familiares continuem a municiar seus filhos com informações e os centros educacionais deem continuidade ao processo formativo comandado pelas famílias.

Exatamente por essa razão, é essencial que haja fina sintonia entre os parâmetros disciplinares incorporados pela família e os que são praticados pela escola. Famílias tradicionais não devem matricular filhos em escolas liberais e vice-versa pois, a divergência de orientações maximizará os conflitos e impossibilitará o atingimento da paz almejada.

Frise-se que não há evidências que revelem ser mais adequado submeter estudantes a este ou aquele sistema educacional. Parece-nos que nos sistemas tradicionais e nos liberais há o que se louvar e o que se criticar. Cabe à família eleger, em cada hipótese concreta, a opção educacional que melhor reflete seus valores e crenças, porque é na convicção de que o melhor está sendo ofertado ao filho que reside, em boa medida, a chave para obtenção do progresso e a caminhada pacífica do estudante.

Qualquer que seja a escolha realizada, contudo, precisa a família estar ciente de que seu papel é determinante e que nenhuma instituição de ensino a substituirá na criação do estudante, na formação de seu caráter e na instituição dos conceitos basilares de certo e errado.

Cumpre salientar a grave distorção advinda da ideia falaciosa de que se paga, por vezes altas quantias, para que instituições de ensino eduquem crianças e jovens. Há grave distorção no que as famílias entendem, aqui, por educação.

Desde os primórdios da humanidade, é o núcleo familiar a primeira referência comportamental a que a criança é apresentada. Ouvindo o que dizem seus parentes, as crianças falam suas primeiras palavras. Estimulados pelos pais, bebês dão os primeiros passos. Olhando fixamente para seus pais, ainda em tenra idade, crianças copiam gestos, expressões, movimentos e desenvolvem padrões similares aos revelados por seus parentes, cristalizados em preferências alimentares, escolhas de times para os quais torcerão, predileções musicais, etc.

Portanto, é na família que o estudante encontra, desde sempre e para sempre, os exemplos que vão inspirar, para o bem e para o mal, a sua vida em sociedade. Se esse estudante está inserido num contexto familiar de violência, em quaisquer de suas manifestações, de indiferença e de inexistência de regras, não se pode esperar que em ambiente educacional, milagrosamente, assuma postura compatível com o que se deseja. Quando a família assume de forma consciente seu papel no processo educacional e se faz presente, dedicando afeto, atenção e bons exemplos aos seus filhos, quase que inevitavelmente, tornam-se eles pessoas aptas ao pacífico convívio no meio educacional e social.

Os pais devem alertar para o fato de que, mesmo quando optam por matricular os filhos em uma instituição privada de ensino, estão pagando pela prestação de um serviço consistente na contínua transmissão de informações a seus filhos e no fornecimento de mecanismos que assegurem a integridade física e psicológica do estudante. Não se paga pela criação ajustada de um ser, tarefa indelegável das famílias. Não se compra presença nem garantias de bem-estar, notoriamente nas hipóteses em que a família não se ocupa de fornecer essa tranquilidade aos filhos na própria casa. Professoras não são mães e coordenadores não são pais, ainda que no exercício de suas funções dediquem-se com afinco àqueles cuja guarda lhes é momentaneamente confiada.

No combate ao conflito educacional, famílias precisam, então, rever suas atuações. Devem reforçar a importância do cumprimento das diretrizes fixadas pela instituição de ensino, motivar seus filhos e estimulá-los a contribuir, positivamente, para o progresso de todos que com ele dividem o ambiente educacional.

A família deve fazer o estudante acreditar em suas potencialidades. Ensiná-los a lidar com fracassos e adversidades é relevante, pois também nessas oportunidades aprendizados se operam e o necessário amadurecimento acaba por ocorrer. Estudantes precisam ouvir dos pais que as relações sociais não são regidas pela uniformidade, sendo natural a existência de divergências, a manifestação de comportamentos que geram repulsa e a identificação de pluralidades no mesmo ambiente.

Impedir que filhos se sintam desestimulados porque algo fugiu de seu controle, porque um resultado avaliativo não correspondeu à sua expectativa ou porque um colega ou professor assumiu comportamento que ocasionou desconforto é essencial, porque é preciso criar nos estudantes a percepção de que todas as instituições de ensino são tão imperfeitas quanto as famílias e a própria sociedade que eles integram. Centros educacionais não são parques de diversão, portanto, é utópica a ideia de que, em relações que se estendem por longo período de tempo, não haverá pontos de desgaste e de tensão. Se a família estiver efetivamente atenta ao seu papel, manterá o estudante motivado e lhe estimulará, tanto quanto possível, a buscar por conta própria a resolução do conflito por meio do diálogo e do entendimento. O apoio diário advindo da família desenvolve a inteligência emocional do estudante e o torna apto a assumir, pouco a pouco, o protagonismo da própria vida.

A via educacional não é um caminho de mão única. Se é certo que as famílias precisam da consciente atuação de professores e gestores, igualmente verdadeira é a afirmação de que as instituições de ensino não terão sucesso na promoção de uma cultura de paz se as famílias não assumirem firmemente a parte que lhes cabe nesse processo. Trata-se, pois, de uma relação que só se torna harmônica se houver conexão, sintonia e cumplicidade.

CONCLUSÃO

A vida em sociedade é complexa e possui múltiplas variáveis. Conviver com plúrimas opiniões, conceitos e valores impõe equilíbrio, empatia e se revela significativamente desafiador.

As vivências obtidas em instituições de ensino espelham, em boa medida, o que se observa no contexto social. A decadência de valores, a deturpação dos preceitos éticos e morais, a inexistência de limites, a fragilização dos conceitos de respeito e solidariedade, a diminuição da capacidade de comunicação, a multiplicação da violência em suas diversas facetas e a ausência parental, muitas vezes proposital, transforma os centros educacionais em panelas de pressão, campos de batalhas propícios ao surgimento de incontáveis conflitos.

Ante a essa nefasta realidade, é chegada a hora de repensarem, todos os envolvidos no processo educacional, suas responsabilidades e assumirem compromissos que viabilizem o restabelecimento da ordem e a instituição de uma necessária cultura de paz.

Fomentar a responsabilidade compartilhada revela-se como atitude determinante para a reversão do cenário que acarreta, ano a ano, a proliferação de ações no Poder Judiciário envolvendo, via de regra, estudantes e suas famílias em um dos polos da relação processual e instituições de ensino no outro. Imprescindível, pois, que se opere uma mudança de mentalidade a sinalizar para todos os elos dessa corrente: pais, alunos, professores e gestores que o entendimento estabelecido a partir de relações dialógicas é a forma mais célere e efetiva de por fim aos conflitos educacionais estabelecidos revelando se, ainda, como o mais importante mecanismo para prevenir o surgimento de litígios futuros.

Relevantes estudos mostram que as formas de resolução de conflitos pautados em princípios colaborativos, em substituição às ações punitivas e a judicialização das questões gera ampla satisfação e efeitos práticos mais consistentes, na medida em que as partes revelam maior compromisso e obediência às decisões que elas ajudaram a construir.

Sob esse aspecto, assume relevo a mediação educacional, prática autocompositiva que conta com o estabelecimento de diálogo firmado a partir de técnicas e premissas específicas e que reúne, para busca da melhor solução, as partes envolvidas na celeuma e um terceiro imparcial, ao qual caberá a condução do diálogo, intitulado mediador.

Ao mediador não cabe solucionar o litígio até porque, casos idênticos podem, à luz da personalidade dos envolvidos, receber soluções diversas com o mesmo sucesso.

Tratar as partes com equidistância, respeito e criar caminhos capazes de romper as resistências, aproximando os litigantes e estimulando o diálogo entre eles são funções primordiais do mediador. A ele cabe, ainda, a cautela de não formar juízo de valor, o dever de esclarecer que o processo de mediação não busca identificar culpados ou inocentes e a tarefa de frisar que os compromissos assumidos pelas partes devem ser honrados para o bem-estar delas e de todos que integram a comunidade educacional em que estão inseridas. O diálogo estabelecido levará, inexoravelmente, à necessária reflexão sem a qual progressos não ocorrem, nem na seara educacional, nem na vida pessoal dos cidadãos. A prática da cidadania deve ser a tônica dos diálogos instituídos em procedimentos de mediação educacional, lembrando aos participantes que o dever de arcar com as consequências do próprio comportamento se presta para que todos aumentem a capacidade de consciência em torno do ocorrido, se responsabilizem por aquilo que lhes cabe, comprometendo-se na justa medida do seu grau de envolvimento com os fatos e atos praticados.

Na mediação, portanto, a gravidade dos fatos praticados será exposta ao transgressor que, não raras vezes, é incapaz de compreender a razão pela qual está sendo punido. Deve ser frisado, durante a conversa, que qualquer indivíduo ativo de direito deve ser capaz de reconhecer as consequências de um feito que tenha realizado deliberadamente sendo destacado, ainda, que esse transgressor tem plena competência para transformar seu comportamento, passando a atuar de maneira sensata e responsável.

Formar cidadãos conscientes e ajustados não é tarefa rápida ou simples, é fruto de trabalho de uma vida toda. Somos, em boa medida, aquilo que vivemos e, por isso mesmo, é essencial que todos que contribuem, em maior ou menor proporção para a edificação de um ser humano, assumam seus papéis de forma leal e responsável. Famílias, professores e gestores não podem ter suas atribuições confundidas ou substituídas cabendo, a cada um deles, atuar nos limites de suas competências.

A união de esforços e a fixação de parcerias são as únicas formas de substituir abismos por pontes. Não há razões para que esses personagens atuem como adversários, posto que buscam objetivos comuns, orientados pela busca de um ambiente educacional seguro e estável, capaz de promover maior desempenho e bem-estar para os estudantes e profissionais.

A busca pela instituição de um ambiente pacífico, destaque-se, é muito mais do que um objetivo educacional. Trata-se, em verdade, da persecução de um novo modo de vida onde a comunicação se faz necessária como mecanismo de prevenção de litígios e não apenas como mecanismo de reação à crise ou de reflexão tardia.

Portanto, ainda que a contribuição da mediação educacional ainda apareça de forma tímida, cabe a todos os protagonistas do processo educacional insistir na prática desse processo facilitador da comunicação, posto que todos os estudos nos levam a crer que investir no diálogo em instituições de ensino, onde os cidadãos passam boa parte de suas vidas, potencializa nos centros educacionais a qualidade da convivência e prepara os indivíduos para atuarem, em sociedade, como importantes e positivos instrumentos de transformação da violenta realidade.

REFERÊNCIAS BIBLIOGRÁFICAS

ABRAMOVAY, Miriam et.al. Violências nas escolas. Brasília: UNESCO, Instituto Ayrton Senna, UNAIDS, Banco Mundial, USAID, Fundação Ford, CONSED, UNDIME, 2002.

AQUINO, Júlio Groppa. Erro e Fracasso na Escola: alternativas teóricas e práticas, 4ª edição, São Paulo: Summus, 1997.

_____. Indisciplina na escola: alternativas teóricas e práticas, 4 edição, São Paulo: Summus, 1996.

ANDRADE, Fernando Cézar Bezerra de. Ser uma lição permanente: psicodinâmica da competência inter-relacional do (a) educador (a) na gestão de conflitos e na prevenção da violência na escola. João Pessoa: 2007. Tese de doutorado em educação apresentada à Universidade Federal da Paraíba.

AZEVEDO, André Gomma (org). Manual de mediação judicial, 6ª edição. Brasília: Ministério da Justiça e Programa PNUD, 2016. Confira-se, assim, TARTUCE, Fernanda. Mediação nos conflitos civis, 5ª edição. Rio de Janeiro: Forense, 2019.

BAKHTIN, Mikhail M. Estética da criação verbal. Tradução feita por Paulo Bezerra, 2ª edição. São Paulo: Martins Fontes, 2003.

BARBIER, René. A pesquisa-ação. Tradução de Lucie Didio. Brasília: Líber Livro Editora, 2004 (série pesquisa em educação, volume 3).

BETTELHEM, Bruno. Uma vida para seu filho. Rio de Janeiro: Campos Ltda, 1978.

BERNARDES, C. et.al. Manejo de conflitos em organizações. São Paulo: Instituto Familiae, 2005.

BICKMORE, K. Teaching conflict and conflict resolution in school: extra curricular considerations. In RAVIV, Amiram et. al. How Children understand war and peace: a call for international peace education.

CARVALHO, José Sérgio F. Os sentidos da (in)disciplina : regras e métodos como práticas sociais org. AQUINO, J.G. Indisciplina nas escolas: alternativas teóricas e práticas. São Paulo: Summus, 1996.

CHARLOT, Bernard. O papel da escola na prevenção e intervenção da indisciplina e violência em uma sociedade como a de hoje. Porto Alegre: Revista Sociologias, ano 4, n.8, jul/dez, 2002.

FOUCAULT, Michel. Microfísica do poder. Rio de Janeiro: Graal, 1979.

GADOTTI, M. Perspectivas atuais da educação. Porto Alegre: Artes Médicas, 2000.

GUIMARÃES. A.M. A dinâmica da violência na escola: conflitos e ambiguidade. Campinas: Autores Associados, 1996.

HOEFLER, Valéria Pereira Couto. Mediação escolar: panorama de uma cultura de paz in Mediação e Conciliação: teoria e prática. São Paulo: Revista dos Tribunais, 2018.

JOHNSON, David W. et.al. Conflict Resolution and Peer Mediation Programs in Elementary and Secondary Schools: A Review of the Research. Minnesota: Review of Educational Research, vol. 66, n º4, 1996.

KHOURI, Ivonne. Disciplina x Indisciplina. In: D'Antola, Arlete (org). Disciplina na escola: autoridade versus autoritarismo. São Paulo: EPU, 1989.

LIB NEO, José Carlos. Didática. São Paulo: Cortez, 1980.

LIMA, Luciano Castro. Disciplina e ética:mudança e permanência frente às atuais transformações sociais in Revista de Educação AEC. Disciplina e liberdade. Brasília, v.26, n.103,abr/jun. 1997.

MOORE, Christopher W. O processo de mediação: estratégias práticas para a resolução de conflitos, 28ª edição. São Paulo: Artes Médicas, 1998.

PIAGET, Jean. Biologia e Conhecimento: ensaios sobre as relações entre as regulações orgânicas e os processos cognoscitivos. Petrópolis: Vozes, 1973.

ROSEMBERG, Marshall B. Comunicação não violenta: técnicas para aprimorar relacionamentos pessoais e profissionais. São Paulo: Ágora, 2006.

SALES, Lília Maia de Morais. Justiça e mediação de conflitos. Belo Horizonte: Del Rey, 2004.

_____. Mediare: um guia prático para mediadores, 3ª edição. Fortaleza: Universidade de Fortaleza, 2010.

SARMENTO, Manuel Jacinto. Infância, exclusão social e educação como utopia realizável in Educação, Sociedade e Culturas, n.17, 2002.

SAVIANI, Dermerval. Escola e democracia, onze teses sobre educação e política, 26ª edição. São Paulo: Cortez, 1993.

SOARES, Erika Zanon. Conciliação e o Código de Processo Civil in Mediação e Conciliação: teoria e prática, São Paulo: Revista dos Tribunais, 2018.

TAPIA, Jesus Alonso. A motivação em sala de aula: o que é, como se faz. São Paulo: Loyola, 2000.

TURA, Maria de Lourdes Rangel. Reflexões em torno do "professor palhaço" in Revista de Educação AEC, Disciplina e liberdade. Brasília, v. 26, n.103, abril/junho 1997.

VASCONCELLOS, Celso do S. Disciplina escolar: adequação e transgressão-uma tensão necessária. Brasília: Revista de Educação AEC, n.103, v.26, abr/jun, 1997.

VOLKER, Paulo. Disciplina, limites e ética. Disponível em: www.aescola.com.br/colunas. Acesso feito em 28.01.20.

VON, Cristina. Cultura de paz: o que os indivíduos, grupos, escolas e organizações podem fazer para a paz no mundo. São Paulo: Peirópolis, 2006.

VYGOTSKY, L.S. A formação social da mente, 6ª edição, tradução: José Cipolla Neto, Luís S.M. Barreto e Solange C.Afeche. São Paulo: Martins Fontes, 1998.

WAISELFISZ, Júlio Jacob. Mapa da violência: os jovens do Brasil. Rio de Janeiro: Garamond, 1998.

TRIBUNAL MULTIPORTAS: A ESCOLHA DO MELHOR CAMINHO PARA OBTER JUSTIÇA

Autor:

Geraldo Henrique Alves Costa Amorim

INTRODUÇÃO

O objetivo deste trabalho é trazer ao leitor uma visão geral do Tribunal Multiportas de Solução de Conflitos, pontuando quais são as modalidades e as searas de aplicação para obtenção da justiça.

- Identificar dentro do Sistema Multiportas qual modalidade é a mais adequada para que se possa lograr êxito no seu conflito;
- Entender quais os custos de cada uma;
- Mensurar os prazos das modalidades para solucionar os conflitos;

Tribunal Multiportas é uma maneira de resolução de conflitos em alternância ao modelo atual judiciário, podendo adotar modalidade judicial ou extrajudicial. Quando judicial o ente público adotará a melhor opção para obtenção da justiça. A modalidade extrajudicial tem facilitado o acesso a justiça, nesta opção existe a possibilidade de que as partes definam entre si sem a presença de um terceiro sendo assim resolvida por autocomposição ou podendo adotar a forma de heterocomposição para buscar a melhor alternativa para solucionarem seus conflitos, nesta segunda opção existem formas de que as decisões tomadas sejam vinculantes, não vinculantes e mistas. Esta análise busca trazer contribuições sobre os Tribunais Multiportas, responder perguntas e trazer soluções aos que não conhecem sobre o assunto, nesta analise o leitor poderá fazer seu julgamento e ponderar sobre o impacto político, econômico e social da aplicação do Tribunal Multiportas.

A busca por meios alternativos ou extrajudiciais podem ser observadas em tempos antigos, datados ainda antes de Cristo e poderá ser observado sua evolução e mostrado o panorama atual no ano de 2021 do Tribunal Multiportas. Apesar de seu surgimento se ter registro histórico no exterior, apenas alguns itens precisarão ser pontuados a nível internacional, mas em suma será restrita a aplicação do Sistema Multiportas em nível nacional, por se tratar de algo cultural, alguns países tem esta modalidade mais bem estruturada do que no Brasil, que ainda dá ainda fica aquém de países mais desenvolvidos.

O presente trabalho busca apresentar o Tribunal Multiportas por meio de levantamento feito em livros e teorias que foram explicadas em publicadas em obras desta natureza. Tem como finalidade analisar quais são atualmente as principais referências no assunto Multiportas, sendo um meio indispensável para futuras pesquisas podendo ser utilizado para que aumentar o nível de conhecimento nesta área, ser utilizado para construir outras hipóteses, descrever no futuro qual era o momento vivido pelo Tribunal Multiportas em 2021.

Após levantados os dados, serão organizados de modo que:

• As múltiplas portas sejam analisadas de maneira independente e simultânea;

• Será observado se alguma informação possa ser aferida estatisticamente e caso positivo, os dados serão tabulados e codificados e aplicadas as fórmulas estatísticas necessárias para interpretação dos dados;

- Pontos onde houverem múltiplos significados, haverão múltiplas interpretações;

- Após estruturadas as interpretações, serão pontuadas as inter-relações para que se possa presumir o melhor caminho para se obter a justiça;

- Será feito identificação do Sistema Multiportas a fim de encontrar fenômenos que estão sendo analisados e caso encontre algum fenômeno será feito uma reorganização e separação dos dados na nova categoria;

- As considerações finais serão arquitetadas de modo a trazer um sentido as análises feitas.

MODALIDADES DO TRIBUNAL MULTIPORTAS

Negociação

A negociação é uma das modalidades alternativas para resolução de conflitos, permitindo que sua a resolução se dê por meio judicial ou extrajudicial. Sendo que este segundo é desejável porque não há envolvimento judicial, salvo, algumas das partes solicite a aprovação do acordo alcançado que posteriormente poderá ou não a critério das partes ser homologado. Constitui-se de uma maneira onde as partes buscam um acordo que será satisfatório para todos.

A negociação possui um largo campo de aplicações e se adapta nas mais variadas situações, e definindo o foco apenas em negociações que envolvam as corporações, restringiu-se ainda apenas em três modelos, a Negociação Distributiva, Integrativa e a Criativa. A primeira está atrelada a ideia de divisão valorativa do que se negocia, onde um dos lados pode ser melhor beneficiado do que o outro. A segunda chamada de Integrativa, busca encontrar o melhor resultado para ambos, onde ao final da negociação todos sairão com resultados agradáveis, enquanto a terceira chamada de Criativa seria a modalidade desejável para qualquer situação contudo não é a mais comum pois depende de que as partes estejam dispostas a dialogar e a buscar soluções que tragam resultados que sejam realmente desejáveis para ambos os lados.

Conciliação

Considerada como a modalidade com menor investimento e a mais rápida para se obter a resolução dos conflitos, opera tanto no âmbito judicial quanto no extrajudicial. Quando o conflito corre por vias judiciais a parte interessada procura o núcleo setor responsável e informa que tem um processo no qual tem o interesse em conciliar, desde que sejam processo que estejam na justiça do trabalho, estadual ou federal. A modalidade extrajudicial os envolvidos escolhem uma pessoa que atuará de forma neutra para que esta seja responsável por uma aproximação e facilitar a comunicação entre os envolvidos.

O responsável a ser escolhido para esta atividade poderá ser um advogado, e sua atuação será na forma de um terceiro que dará o suporte necessário para criar um ambiente pacifico ao diálogo, esta modalidade vemos a participação das partes para que elas possam dirimir seus conflitos, que não é caso na modalidade judicial onde a decisão parte de um terceiro sobre o conflito em questão.

Muitas seriam os pontos a serem abordados sobre este tema, apresentar as diferenças entre a judicial e extrajudicial, as aplicações, quem pode conciliar, em que momento pode solicitar que seja feita a conciliação, quais seriam as vantagens e desvantagens deste meio, qual seria a sua eficiência, entre outras.

Mediação

Assim como na negociação, a mediação opera na modalidade judicial e extrajudicial, e nesta segunda tem a opção as partes também tem a comodidade de escolher quem será o mediador responsável por assumir o acompanhamento dos encontros, o destaque para o mediador está no fato de que este aplica conhecimentos e técnicas com o intuito de evitar quaisquer inconvenientes e resguarda a relação entre os envolvidos nos conflitos.

A mediação apresenta característica preponderante a informalidade, e pode apresentar-se de variadas maneiras, não tendo sua aplicação de um modo que a sua estrutura não possa ser modificada, bem como se percebe a diferença de mediações entre famílias e as que ocorrem nas mediações que envolvem pessoas jurídicas.

A Comissão Nacional de Justiça (CNJ) apresenta um padrão que se divide em etapas, que se vão desde uma pré-mediação, passando pelo esclarecimento de controvérsias e finalizando no registro de todas as soluções acertadas, vale salientar que cada uma das etapas que a CNJ apresenta podem apresentar outros desdobramentos.

A mediação se destaca ainda pelo fato de apresentar uma legislação específica, de número 13.140/15 e possui um diferencial de ser um método amplamente usado para resolver conflitos mais complexos e multidisciplinar, sendo capaz de atuar com conflitos de interesses variados e que necessitem de soluções criativas.

Abitragem

Outra modalidade que vem tendo espaço reconhecido no Brasil é a arbitragem que assim como na mediação é reconhecida por lei, desde o ano de 1996 a Lei 9.307, que passou por uma atualização no ano de 2015. A arbitragem propriamente dita se dá pela escolha das partes terceiro imparcial que fará o julgamento da causa, com a diferença que nesta modalidade se comparada ao judiciário, possui procedimentos mais simplificados para alcançar o fim do conflito.

O que se pode perceber é a busca por este meio de resolução de conflitos por questões relativas à celeridade do processo, e pelo seu sigilo. Outro ponto crucial é poder escolher o julgador pelo seu acervo técnico, expertise profissional entre outras variadas questões.

A lei de arbitragem trata sobre quem pode convencionar a arbitragem, qual modalidade de julgamento será aplicado, se de direito ou equidade. E sobre o que pode ser julgado por arbitragem, é aquilo que não está inserido no direito patrimonial disponível. Nisto vemos um leque de atuação considerável, pois pode ser convencionado para dirimir conflitos oriundos de sociedades empresariais, de direito civil, ainda de direito comercial, ou de direito imobiliário e construção civil, entre outros.

AUTOTUTELA OU AUTODEFESA

Esta forma de resolução de conflitos é aquela em que os envolvidos procuram solucionar fazendo o uso da força, provocando submissão ao outro. A aplicação da força não necessariamente é relacionada a força física, pois por vezes a força moral pode ser aplicada, ou ainda a força econômica, a força que o individuo possui na sociedade, ou pela cultura que tem, entre outros. Ponto importante que pelo ordenamento jurídico brasileiro esta modalidade de resolução de conflitos não é permitida conforme Art. 345 do Código de Penal, salvo em casos de Legítima Defesa.

Vale ressaltar nesta senda que ainda é vedada pelo Art 17. Da Lei 7.783 de 28 de junho de 1989 a autotutela pelo empregador que tenha por finalidade dificultar as negociações ou criar obstáculos para as reivindicações que sejam de interesse dos empregos.

CONSENSUAL BUILDING

O consenso é maneira ideal de resolução de conflitos, pois parte do principio da colaboração dos envolvidos, onde aqueles que estão envolvidos se comprometem com a realização e o cumprimento das diretrizes apresentadas.

Nesta modalidade as partes que buscam a solução dos conflitos usualmente acatam as soluções propostas, ou pelo menos, conseguem lidar com os resultados de modo que consigam dar prosseguimento e as decisões sejam levadas a efeito.

Como é uma modalidade que envolve decisões em grupo, as deliberações ali propostas precisam do consenso de todos, afim de que possam prosseguir com as veredito, nisto cada membro diz que acredita que todos ali presentes tem ciência do ponto de vista, e que também está ciente do ponto de vista dos demais, por fim, ainda que a solução proposta para o conflito não seja a que mais lhe apraz, ela consente, pois, foi colocado de modo transparente e justa, sendo naquele momento a opção mais viável.

DISPUTE BOARDS

Os Dispute Boards são utilizados para resolver as disputas onde as partes envolvidas de comum acordo conferem aos especialistas autonomia para resolver os as disputas. Contudo a atuação dos Dispute Boards será como definirem as partes podendo não somente "Resolver", atuando em fases anteriores ao surgimento da disputa ou gerenciando todas as etapas para prover a melhor solução da lide.

É uma modalidade que emergiu na atualidade de contratos privados e conta com o consenso das partes envolvidas, correndo fora dos órgãos judiciais sendo assim uma modalidade extrajudicial, operando somente dentro do que possui valor econômico, no qual as partes envolvidas podem de vontade própria abrir mão, em que não há hipótese de coerção na tomada de suas decisões, conhecido no meio jurídico como Direito Patrimonial Disponível, tendo por objetivo neste ponto o resguardo daquilo que é o interesse coletivo.

Na construção civil possui uma extensa abrangência extensa bem como o modo de atuação do Dispute Board no decorrer do projeto ou empreendimento se dividem em três modalidades e dentre estas estão:

– Dispute Review Boards, este primeiro no decorrer das atividades estará com a finalidade apenas de emitir as recomendações que se fizerem necessárias e o cumprimento das recomendações não são de caráter obrigatório imediato.

– Dispute Adjutication Boards, são os que poderão no decorrer de suas atividades lhe foi conferido o poder para adjudicar ou decidir e possui caráter vinculante.

– Combined Dispute Boards (CBDs), sendo nesta modalidade um misto de atividades em que o Dispute Board irá não só emitir as recomendações, mas também terá o poder para tomada de decisões, conforme as ocorrências são apresentadas.

Rent a Judge

Esta modalidade de resolução de conflitos tem sua origem nos EUA por volta do ano de 1976, quando o "Juiz de Aluguel" ou "Juiz Particular" aposentados, que atuavam como mediadores ou como no caso de mais de 11 estados nos EUA, com poderes instrutórios ou ainda decisórios começaram a atuar nas causas, devido à alta demanda do judiciário as causas ficavam anos sem uma decisão, e esta modalidade desde então vem ganhando espaço e aceitação.

O Rent a Judge tem suas semelhanças tanto com a mediação quanto com a arbitragem, pois as partes dão ao julgador poderes ou não para adjudicar, vemos com isso como esta modalidade flutua entre a autocomposição e heterocomposição. E segundo Kim (1994, p. 174) as causas que mais são levadas a Rent a Judge é relacionada a divórcio e causas comerciais com maior complexidade.

Nos EUA já pode-se perceber que é financeiramente viável aos juízes abandonarem a magistratura para aderirem a essa modalidade extrajudicial conforme publicação feita por Martin Kasindorf (2003, p.1).

Conclusão

O que se pode esperar no Brasil para o futuro do tribunal multiportas é que este venha a se consolidar como meio alternativo ao judiciário, quanto as modalidades que estão com maior destaque a tendência é de que a busca seja cada vez maior e com o reconhecimento que vem da parte do judiciário para solidificar estes mecanismos como uma solução que veio para trazer novas formas de acesso a justiça aos que estão em busca deste recurso.

As inovações que os tribunais multiportas trouxeram emergindo do setor privado e no ambiente online, ficou observado que as pessoas não querem estar presencialmente em Tribunais Judiciais, e sim que estão em busca do resultado apenas, certo é que a justiça tem se adequado a esta nova realidade, contudo de maneira menos célere que o setor privado.

A questão para os próximos anos é a mudança cultural no Brasil, onde se vê um povo altamente litigante, o que pode ocasionar um colapso no judiciário, pois percebe-se que está atuando em seu limite, e estatisticamente apresentado nos relatórios da Justiça em Números da Comissão Nacional de Justiça, que a demanda tem sido maior a cada ano. Ainda que a se perceba a crescente busca pelos meios alternativos, uma questão a ser analisada é a demanda crescente qualidade das decisões dos Tribunais Multiportas, e os fatores reais que tem gerado este êxodo do judiciário.

REFERÊNCIA BIBLIOGRÁFICA

Zavadniak, V. F. (2013). Formas de solução dos conflitos e os meios alternativos de resolução dos conflitos. Consultado em: https://phmp.com.br/formas-de-solucao-dos-conflitos-e-os-meios-alternativos-de-resolucao-dos-conflitos/

Tavares, P. V. de S. (2010). Arbitragem no Brasil. Consultado em: https://monografias.brasilescola.uol.com.br/direito/arbitragem-no-brasil.htm

Braga, J. C. T. (2019). O sistema multiportas como instrumento garantidor do direito fundamental ao acesso à justiça. Consultado em: https://uerjlabuta.com/2019/09/02/o-sistema-multiportas-como-instrumento-garantidor-do-direito-fundamental-ao-acesso-a-justica/

Cabral, B. F. (2011) Alternative dispute resolution (ADR): as formas de alternativas de solução de conflitos nos estados unidos. Consultado em:

https://jus.com.br/artigos/19574/alternative-dispute-resolution-adr-as-formas-alternativas-de-solucao-de-conflitos-nos-estados-unidos

Simão, I. C., & Hasson, R. A arbitragem como solução econômica frente à crise do poder judiciário. Consultado em: http://www.camesc.com.br/wp-content/uploads/2020/07/A-ARBITRAGEM-COMO-SOLU%C3%87%C3%83O-ECON%C3%94MICA-FRENTE-%C3%80-CRISE-DO-PODER-JUDICI%C3%81RIO-Roland-Hasson-e-Isabella-Calabrese-Sim%C3%A3o.pdf

Coêlho, M. V. F. (2020). O sistema de justiça multiportas no novo cpc. Consultado em: https://www.migalhas.com.br/coluna/cpc-marcado/330271/o-sistema-de-justica-multiportas-no-novo-cpc

Solano, L. M. M. (2018). A crise do judiciário e o sistema multiportas de solução de conflitos. Consultado em: https://luisasolano.jusbrasil.com.br/artigos/575316098/a-crise-do-judiciario-e-o-sistema-multiportas-de-solucao-de-conflitos

Silva, A. R., & Neves, G. A., & Rangel, T. L. V. (2016). Acesso à justiça e o sistema multiportas de composição de conflitos

Saraiva, R. P. C. (2017). A evolução histórica da arbitragem no brasil. Consultado em: https://jus.com.br/artigos/61466/a-evolucao-historica-da-arbitragem-no-brasil

SBCOACHING, (2021). Negociação: conceito, diferentes tipos e 10 dicas poderosas. Consultado em: https://www.sbcoaching.com.br/negociacao/

Fialho, L. (2021). O que é conciliação extrajudicial. Consultado em: https://consultoriojuridico.com.br/conciliacao-e-acordo-em-belo-horizonte/

Cosenza, P. (2018). Mediação extrajudicial: o que é e como funciona. Consultado em: https://paulocosenza.adv.br/mediacao-extrajudicial/

Nascimento, S. L. (2019). A aplicação da mediação como instrumento de autocomposição dos conflitos na administração pública e a violação dos direitos fundamentais. Consultado em: https://emporiododireito.com.br/leitura/

a-aplicacao-da-mediacao-como-instrumento-de-autocomposicao-dos-conflitos-na-administracao-publica-e-a-violacao-dos-direitos-fundamentais

Donizetti, E. (2019). Entenda o conceito de arbitragem. Consultado em: https://www.migalhas.com.br/depeso/317064/entenda-o-conceito-de-arbitragem

Pavlack, Cleci. (2018). Entenda direito: o que é arbitragem. Consultado em: https://www.tjmt.jus.br/noticias/52169#.YOCusOhKi03

Arbitranet. (2021). O que é arbitragem. Consultado em: https://arbitranet.com.br/arbitragem/

Faraco, M. (2014). As formas alternativas de solução de conflitos. Consultado em: https://marcelafaraco.jusbrasil.com.br/artigos/151178374/as-formas-alternativas-de-solucao-dos-conflitos-a-arbitragem

Veloso, C. S., & Tibo, A. L., & Lira, R. C. (2017) A Mediação como alternativa de resolução de conflitos no direito de família. Consultado em: https://jus.com.br/artigos/60791/a-mediacao-como-alternativa-de-resolucao-de-conflitos-no-direito-de-familia/2

Oliveira, C. A. (2015). Formas de composição frente aos conflitos trabalhistas. Consultado em: https://www.direitonet.com.br/artigos/exibir/9345/Formas-de-composicao-frente-aos-conflitos-trabalhistas

Magalhães, J. N., & Santos, R. S. S. (2021). Considerações sobre o ensino dos meios alternativos de resolução de conflitos em santa catarina. Consultado em: https://www.conjur.com.br/dl/politicas-publicas.pdf

Poder executivo, Gabinete do Prefeito. (2020). Lei n°11.241, de 19 de junho de 2020. Consultado em: http://portal6.pbh.gov.br/dom/iniciaEdicao.do?method=DetalheArtigo&pk=1230063

Casa civil do gabinete do prefeito. (2018). Lei n° 16.873 de 22 de fevereiro de 2018. Consultado em: http://legislacao.prefeitura.sp.gov.br/leis/lei-16873-de-22-de-fevereiro-de-2018

Kasindorf, M. (2003). Rent-a-judges forced out of california courts. Consultado em: http://usatoday30.usatoday.com/news/nation/2003-04-24-rentajudge-usat_x.htm

Cruz, J. R. G. (1989). Juiz particular, (rent a judge): nova tendência do juízo arbitral? Consultado em: https://core.ac.uk/download/pdf/79074082.pdf

NEGOCIAÇÃO, CONCILIAÇÃO, ARBITRAGEM E MEDIAÇÃO EM ESPÉCIE: PONTOS DE CONTATO E DISTINÇÕES ENTRE AS FORMAS DE RESOLUÇÃO DE DISPUTAS

Autor:

Lucas Grisolia Fratari

INTRODUÇÃO

O presente trabalho abordará os conceitos, pontos de contato e diferenças entre os métodos não judiciais de resolução de conflitos.

Delimitamos a discussão à negociação, conciliação, mediação e arbitragem.

O objetivo do presente artigo de revisão bibliográfica é trazer um compilado de opiniões da doutrina e da nossa parte sobre as semelhanças e distinções da negociação, conciliação mediação e arbitragem.

Em passo seguinte, serão demonstradas as características e indicação de utilização da negociação, conciliação, arbitragem e mediação a fim de que o interlocutor possa se valer da melhor técnica no caso concreto.

A importância deste estudo está em trazer à luz as formas extrajudiciais de resolução de conflitos, o que encontra grande importância na atualidade, dado o grande e notório congestionamento do Poder Judiciário, o que atrasa o ritmo das decisões judiciais e, por derradeiro, vulnera o direito dos interessados, visto que a morosidade na entrega da prestação jurisdicional é circunstância que não interessa a nenhuma das partes de um conflito.

Para tanto, o trabalho se utilizará basicamente da doutrina aplicável e também de outros trabalhos já publicados por estudiosos dos meios não judiciais de resolução de conflitos.

Pretende-se entregar uma conclusão que trace os conceitos, aplicações e distinções entre as formas alternativas de resolução de disputas.

O CONFLITO E SUAS FORMAS DE RESOLUÇÃO

Por acreditar que para a melhor apresentação dos pontos de contato, interação e demais nuances da negociação, conciliação, arbitragem e mediação, entendemos ser necessário traçar as linhas conceituais sobre cada um dos institutos.

Impende registrar de antemão que tanto a jurisdição do Estado quanto a arbitragem se apresentam como um meio de resolução de conflitos chamada de heterocomposição, ou seja, "a solução do conflito pela atuação de um terceiro dotado de poder para impor, por sentença, a norma aplicável ao caso que lhe é apresentado" (SCAVONE, 2020).

Portanto, temos que quando as partes optam por acessar o judiciário, elas buscam, via de regra, que o Estado exerça sua jurisdição em relação a uma determinada relação jurídica que se apresentou conflituosa em certo momento.

No entanto, mesmo nos casos em que as partes se valem do Estado para a resolução de seus conflitos, ainda assim é possível que se continue realizando negociação, conciliação e mediação, inclusive pelas ferramentas disponibilizadas pelo Poder Judiciário para tanto.

De início, cumpre consignar que a Resolução 125, de 29 de novembro de 2010, que dispõe sobre a Política Judiciária Nacional de tratamento adequado dos conflitos de interesses no âmbito do Poder Judiciário, determinou aos Tribunais a criação de Núcleos Permanentes de Métodos Consensuais de Solução de Conflitos, que possuem, dentre outras atribuições, a de instalar os Centros Judiciários de Solução de Conflitos e Cidadania, os quais, segundo a redação do art. 7º, inciso IV, da referida Resolução, devem concentrar a realização das sessões de conciliação e mediação que estejam a cargo de conciliadores e mediadores.

A negociação, conciliação e mediação, diferentemente das decisões judiciais e arbitrais, são entendidas como formas de autocomposição.

Antes mesmo de avançarmos nos conceitos das formas de autocomposição, entendemos que é importante, para melhor problematização do tema e da compreensão da sua importância, um olhar diferenciado sobre o conflito em si.

Conflito vem do latim "conflictu", que remete à luta, guerra, enfrentamento, embate, desavença, dentre outras palavras no mesmo sentido (MARTINELLI, 2020, p. 47).

A doutrina que trata a respeito do conflito traz uma abordagem mais profunda sobre o conflito: Follett (apud HAMPTON, 1991, p. 290 in MARTINELLI, 2020, p. 47) afirma:

> *"Nós não devemos ter medo do conflito, porém devemos reconhecer que existem um modo destrutivo e um modo construtivo de proceder em tais momentos".*

> *(...)*

Dessa forma, existem duas maneiras de enfrentá-los: uma abordagem negativa e outra positiva.

A primeira encara o conflito como algo prejudicial, devendo ser evitado a todo custo e, não se podendo impedi-lo, pelo menos dever-se-ia buscar minimizar seus efeitos.

A segunda encara o conflito de maneira positiva, procurando verificar aquilo que pode trazer de benéfico, em termos de diferenças de opiniões e visões, bem como de possibilidades de aprendizagem e enriquecimento em termos pessoais e culturais.

Assim, de rigor o reconhecimento de que o conflito pode ser abordado positiva ou negativamente, sendo possível ponderar, ainda, sobre a possibilidade de haver maior aptidão de um conflito bem administrado em ser resolvido de forma menos traumática quando comparado a um conflito mal administrado.

Considerando os riscos que um conflito com efeitos negativos apresentam, não há outra alternativa senão buscar meios que minimizem os reflexos ruins do embate.

Na esteira da interpretação do que esclarece Hampton, o "conflito é o processo que começa quando uma parte percebe que a outra parte frustrou ou vai frustrar seus interesses" (HAMPTON, 1991, p. 296 apud MARTINELLI, 2020, p. 48), mas que por outro lado, "nem sempre o conflito deve ser analisado apenas de maneira negativa, pois aspectos positivos podem ser emanados do conflito, culminando em crescimento pessoal aos envolvidos." (MARTINELLI, 2020, p. 48).

Na tentativa de se chegar à solução de um conflito com o maior potencial de sucesso ou, ao menos, com redução dos seus efeitos negativos, fazemos uso das técnicas de resolução de conflitos, quais sejam, a negociação, conciliação, mediação e arbitragem.

NEGOCIAÇÃO

A negociação é marcada por se tratar da técnica de negociação mais informal existente, uma vez que é uma prática inerente à própria relação humana em sociedade (MERÇON-VARGAS, 2012, p. 42).

Podemos dizer, desde as primeiras impressões sobre o entendimento doutrinário a respeito do tema, que por se tratar de uma questão inerente à própria existência do homem em sociedade, a pura e simples negociação está presente em incontáveis situações da vida cotidiana, pois, desde sua tenra idade, já negocia na defesa de seus interesses, por mais simplórios que sejam os exemplos, como por exemplo, uma criança que negocia com um adulto.

Segundo Roger Fisher, William Ury e Bruce Patton, a negociação é "o meio básico de conseguir o que se quer de outrem. É uma comunicação bidirecional concebida para chegar a um acordo, quando você e o outro lado têm alguns interesses em comum e outros opostos" (PESSOA, 2021, p. 10).

Richard Shell, a respeito do entendimento sobre o que é a negociação, defende que trata-se de "uma atividade humana facilmente identificável que ajuda as pessoas a atingir metas e solucionar problemas" (PESSOA, 2021, p. 11).

Já sob o prisma de Margareth Neale e Max Bazzerman: "negociar racionalmente significa tomar as melhores decisões para maximizar seus interesses, saber quando é bom chegar a um acordo e quando não é e saber como chegar ao melhor acordo e a não ficar satisfeito com um acordo qualquer" (PESSOA, 2021, p. 11).

Para Carlos Pessoa, "A negociação, portanto, pode ser definida como um processo através do qual os grupos ou as pessoas envolvidas, com o objetivo de construir uma relação duradoura, se deslocam de suas posições originais no sentido de alcançar a satisfação percebida de suas mútuas necessidades" (PESSOA, 2021, p. 11).

Assim, da nossa parte, a negociação é a forma de se resolver um embate entre duas pessoas, ou grupo de pessoas, com posições e interesses distintos sem depender da formalidade, da presença de um terceiro para conciliar ou mediar, tampouco para decidir em sede arbitral ou judicial.

Trata-se de um fenômeno inerente à relação do homem em sociedade e pode se dar tanto sobre assuntos corriqueiros e de baixíssima complexidade até assuntos com reflexos mais amplos.

Necessário, para que se inicie uma negociação, que existam suas ou mais pessoas/grupos de pessoas com interesses e posições diferentes e que pretendam, de fato, chegar a uma solução mais próxima de seu ponto inicial.

Caso a parte que detém uma posição decida se abster dela, entendemos que pode ser o caso de não mais ser necessária uma negociação, visto que o conflito pode deixar de existir.

A Negociação se distingue da conciliação, da mediação e da arbitragem principalmente por não depender de formalidades e tampouco da presença e participação de uma terceira pessoa.

No nosso sentir, a conciliação e mediação se apresentam como formas de resolução de conflitos em que necessariamente haverá a negociação, ao contrário da decisão judicial ou arbitral, gravada de inequívoca jurisdição.

Embora não exista a figura de um juiz do Estado ou um árbitro para dizer o direito, na conciliação e na mediação temos a presença do conciliador e mediador respectivamente, os quais, cada um ao seu modo, dotado de tecnicidade, irá facilitar as tratativas.

CONCILIAÇÃO

A conciliação é uma das técnicas de resolução de conflitos em que um terceiro atua na facilitação do entendimento entre as partes, podendo, nesse sentido, sugerir formas de se chegar a um acordo.

Na conciliação, em linhas gerais, judicialmente ou extrajudicialmente, temos a participação de um terceiro imparcial na busca da composição entre as partes daquela disputa ou conflito.

Esse terceiro também detém a prerrogativa de apresentar às partes pontos fortes e fracos de suas posições, bem como interesses a fim de alinhamento de expectativas de forma a facilitar a resolução do conflito.

A atuação do conciliador também lhe confere a prerrogativa de realizar propostas como forma de se resolver a discussão ali travada (TARTUCE, 2008, p. 53).

Entendemos que a conciliação é uma tentativa processual ou pré-processual das partes em chegar à resolução de um conflito em que ambos os combatentes se valem de um terceiro para auxiliar ativamente nas negociações, de forma neutra, o que lhe permite indicar caminhos, sugerir rumos e propor soluções.

Vemos que a conciliação tem ponto de encontro com a negociação pelo fato de que na conciliação o que se tem é uma negociação, mas com a participação ativa de um terceiro que pode realizar sugestões para as partes.

Luis Fernando Guerrero pondera em seu artigo sobre solução de controvérsias, que "Há que se fazer uma diferenciação entre o conceito de disputa e o conceito de conflito considerando-se relações unidimensionais e multidimensionais." (GUERRERO, 2011, p. 9).

Possível classificar esses dois tipos de divergência de interesses como unidimensionais ou multidimensionais: "As relações unidimensionais são aquelas que envolvem interesses pontuais das partes e salvo a questão litigiosa, elas não terão nenhuma relação, envolvendo carga emocional menos acentuada" (GUERRERO, 2011, p. 9) ao passo que "as relações multidimensionais envolvem interesses e valores interrelacionados, sendo necessária uma verificação das decorrências futuras de eventuais decisões tomadas" (GUERRERO, 2011, p. 10).

Alexandre Araújo da Costa reforça a mesma ideia apresentada por Guerrero ao propor dois cenários hipotéticos distintos ao se analisar um conflito, utilizando como pano de fundo do conflito uma situação de inadimplência: "É diferente deixar de pagar uma dívida frente a um banco e deixar de pagar uma dívida a um irmão ou colega de trabalho" (COSTA, 2004, p. 169-170, apud GUERRERO, 2011, p. 10).

Destarte, na negociação, conciliação e mediação, não existe solução sem acordo entre as partes, ao contrário do que ocorre nas resoluções operadas de forma judicial e arbitral, nas quais o juiz e o árbitro são dotados de poderes para solucionar o conflito posto.

MEDIAÇÃO

Na mediação, teremos a participação de um terceiro que auxilia as partes no conhecimento de suas próprias posições e interesses a fim de que elas tenham condições de criar maneiras de resolver o litígio (TARTUCE, 2004, p. 203).

A distinção entre a atuação do conciliador e a do mediador é marcante para distinguir conciliação e mediação.

Isso porque, na mediação, de maneira diversa da conciliação, o mediador, agindo de forma imparcial e neutra, ajuda as partes na solução de um conflito sem propor ou impor soluções, tampouco sem se debruçar sobre os termos do acordo (SCAVONE, 2020, p. 293-294).

Embora possuam a diferenciação acima citada, a mediação e a conciliação são formas de autocomposição, o que se diferencia da arbitragem, que é uma forma heterocomposição, notabilizada por uma convenção entre duas ou mais partes no sentido de conferir a um terceiro o poder de decidir a respeito de determinado litígio.

Como já citado neste artigo, a mediação é mais indicada pela doutrina para a resolução de conflitos que se prolongam no tempo, como por exemplo em casos envolvendo direito de família, ou por exemplo empresas que possuem uma duradoura relação comercial e jurídica que se prolongará.

Nesse sentido, convém destacar que a doutrina elenca a restauração do diálogo entre as partes como um dos papéis do mediador na sua atuação (MERÇON-VARGAS, 2012, p. 50).

Vale destacar que quando comparadas a mediação e a negociação, é possível notar que há ponto de contato em relação à informalidade, uma vez que, ainda que em menor dosagem, existe informalidade na mediação, o que também se faz presente na conciliação.

Quanto à diferença entre a atuação do conciliador e do mediador, reitera-se que o mediador possui papel menos ativo do que o conciliador.

O Mediador auxilia as partes a encontrarem uma forma de resolver seus conflitos, ao passo que o conciliador interage mais de forma simultânea com as partes para somar-se a eles nas sugestões de como resolver o conflito.

Na doutrina prevalecente, a mediação e a conciliação podem ser melhor aproveitadas se utilizadas em suas devidas ocasiões.

De acordo com nossos registros até o momento, a conciliação terá lugar nas relações menos entrelaçadas e sem continuidade.

Já a mediação, segundo a mesma linha de raciocínio, seria o meio adequado para os casos que envolvam pessoas (físicas ou jurídicas) interrelacionadas e com relações que se prolongam no tempo.

Nesse sentido, o restabelecimento da comunicação entre as partes e a preservação do relacionamento entre elas, inclusive com a prevenção de futuros conflitos, bem como a inclusão social e a pacificação social são as finalidades de uma mediação (TARTUCE, 2008, p. 240).

ARBITRAGEM

A arbitragem possui Lei própria, qual seja, a nº 9.307, de 23 de setembro de 1996, a qual autoriza a arbitragem para dirimir litígios relativos a direitos patrimoniais disponíveis.

A arbitragem é um dos mais antigos meios de resolução de conflitos de forma heterocomposta, visto que já encontrada desde o Direito Romano (SCAVONE, 2020, p.1).

Ainda segundo o autor, no Código de Processo Civil de 1973 havia a previsão de necessidade de homologação do laudo arbitral, que hoje equivale à sentença arbitral, por sentença judicial com todos os recursos previstos na legislação, o que acabava por transformar o Poder Judiciário em uma segunda instância da decisão arbitral e, por evidente, tornava desinteressante a decisão arbitral, dada a morosidade e falta de segurança jurídica, o que foi alterado com a Lei 9.307, de 23 de setembro de 1996, que extirpou do ordenamento a necessidade de realização de tal ato judicial.

O Código de Processo Civil, no art. 515, inciso VII, inclusive, prevê que a decisão arbitral constitui título executivo extrajudicial, não havendo mais como se discutir a respeito do mérito relacionado ao conflito em respeito à coisa julgada.

Scavone conceitua de forma precisa a arbitragem: "a arbitragem resulta de negócio jurídico mediante o qual as partes optam pela solução arbitral, abdicando da jurisdição estatal em razão dos seus direitos patrimoniais e disponíveis." (SCAVONE, 2020, p.3).

Na mesma toada é a explicação de Sarah Merçon-Vargas no sentido de que a arbitragem é técnica de negociação de conflitos extrajudicial em que as partes conferem a uma ou mais pessoas o poder, mediante convenção, de deliberar a respeito de um determinado conflito de interesses.

Neste cenário, Scavone pontua que "O Código de Processo Civil claramente adota a dualidade jurisdicional, estabelecendo paralelamente a jurisdição estatal e a jurisdição arbitral, inferência que se extrai dos arts. 3º e 42." (SCAVONE, 2020, p3.).

No nosso entendimento, isto significa dizer que as partes que convencionam a utilização da arbitragem optam, dentro dos limites impostos pela Lei nº 9.307, de 23 de setembro de 1996, em transferir a jurisdição da decisão de mérito sobre determinada controvérsia do Estado para um árbitro.

O escólio de Nelson Nery Junior (NERY, 1997, apud SCAVONE, 2020, p.3) a respeito da natureza jurisdicional da arbitragem é muito esclarecedor sobre o tema:

"A natureza jurídica da arbitragem é de jurisdição. O árbitro exerce jurisdição porque aplica o direito ao caso concreto e coloca fim à lide que existe entre as partes. A arbitragem é instrumento de pacificação social. Sua decisão é exteriorizada por meio de sentença, que tem qualidade de título executivo judicial, não havendo necessidade de ser homologada pela jurisdição estatal. A execução da sentença arbitral é aparelhada por título judicial...".

Diante das ideias trazidas sobre a arbitragem, temos que ela se diferencia da negociação, conciliação e mediação por não se tratar de uma forma de autocomposição. Isto é, trata-se de uma forma de resolução de conflitos em que as partes, valendo-se da faculdade que lhes é permitida pela lei, delegam a um terceiro não Estatizado, o poder de jurisdição, assim entendido como o de dizer o direito em relação a um determinado direito posto em conflito.

CONCLUSÃO

Em linhas gerais, é notável que o ser humano, por conta de suas relações sociais, vai inevitavelmente entrar em conflito com outros na sociedade.

Com efeito, temos um modelo em que o Estado exerce a jurisdição, mas com a autorização para que as partes envolvidas em uma determinada disputa possam, desde que não proibidos por lei, negociar a melhor forma de resolver o conflito posto.

A decisão sobre um conflito, quando emanada do Poder Judiciário é uma decisão heterocomposta, visto que a sociedade delega ao Estado a função de dizer o Direito.

Quando autorizado por lei e convencionado pelas partes, é possível que se opte por uma decisão arbitral sobre o assunto posto em debate. Referida decisão, conforme consagrado pela legislação processual civil pátria não está sujeita a revisão de mérito pelo Poder Judiciário, constituindo-se como verdadeiro e legalmente previsto título executivo.

Por outro lado, as partes podem optar pela autocomposição, o que, na prática, traz maior possibilidade de acomodação dos interesses daqueles que se encontram nas disputas.

Isso porque, como se sabe, a decisão heterocomposta sempre é exarada por um terceiro que está em uma posição de dizer o direito, ao passo que, na autocomposição, as partes reúnem maiores condições de ajustar suas posições e não depender da decisão de um terceiro que, muitas vezes, não conhece as especificidades do caso concreto.

Nas resoluções de conflito de natureza autocompositivas, vemos que a negociação surge como a mais simples e habitual forma de resolver uma disputa.

A negociação é informal e direta, não dependendo de terceiros para facilitação, ao contrário da conciliação e mediação.

Por ser inerente à natureza humana, desde os primeiros instantes da vida somos colocados em situações que nos exigem negociar nossas vontades, realizar concessões mútuas e chegarmos a um acordo sobre dois pontos de vista distintos.

Embora a negociação possa ser aplicável aos assuntos menos complexos da vida humana, também existe a possibilidade dela se debruçar sobre matérias que envolvem riscos, reflexos e consequências mais relevantes e de grande monta.

Já na conciliação o que temos é uma possibilidade processual ou pré-processual de as partes, com o auxílio de um conciliador, chegarem a um consenso que pode ser trazido pelas partes ou encontrado pelo próprio conciliador.

O conciliador, segundo o que vimos, possui um papel ativo na resolução do conflito, tendo liberdade para propor formas de resolver a disputa.

Na mediação temos um cenário diferente.

A mediação é outra forma de resolução de conflitos que exige um terceiro facilitando os trabalhos. No entanto, diferentemente da conciliação, a mediação não tem um terceiro com um papel tão ativo.

O mediador tem como papel instigar as próprias partes a encontrarem a solução do litígio.

O mediador expõe as posições das partes para elas a fim de que elas ponderem os interesses, riscos e formas de se resolver aquele conflito da melhor maneira possível.

O que mais caracteriza a diferença entre a conciliação e a mediação, pelo que vimos, é, portanto, a forma e liberdade de atuação do terceiro que facilita a busca pelo consenso.

Na conciliação, vemos uma pessoa mais ativa e que busca, junto com as partes, uma solução para aquela questão conflituosa.

Por outro lado, na mediação, temos um terceiro que atua auxiliando as partes a chegarem em uma forma de resolver a questão proposta pelas próprias partes.

Por fim, a arbitragem, como forma de resolução de conflito heterocomposta é prevista em lei e depende da convenção das partes para dirimir litígios relativos a direitos patrimoniais disponíveis.

As partes delegam a um terceiro o poder de decidir a respeito de um determinado conflito, o que não comporta rediscussão judicial e, se descumprida a decisão, poderá ser executada perante o Poder Judiciário, visto que constitui título executivo extrajudicial.

Nesse sentido, temos como esclarecidas e pontuadas as formas de resolução de conflitos atualmente utilizadas, sendo certo que a negociação, conciliação, mediação e arbitragem constituem uma alternativa ao crescente congestionamento do judiciário.

Não há dúvidas, também, que a utilização destes métodos alternativos de solução de conflitos é medida salutar para a obtenção da pacificação social e do bem da vida, o que é, ao final, a real necessidade quando o homem se depara com um conflito de interesses.

REFERÊNCIAS

AZEVEDO, Antonio Junqueira de. A arbitragem e o Direito do Consumidor. Estudos e pareceres de direito privado. São Paulo : Saraiva, 2004.

BRASIL, Conselho Nacional de Justiça. RESOLUÇÃO Nº125, DE 29 DE NOVEMBRO DE 2010.Dispõe sobre a Política Judiciária Nacional de tratamento adequado dos conflitos de interesses no âmbito do Poder Judiciário e dá outras providências. Disponível em: https://atos.cnj.jus.br/files/compilado215055202105076095b63fb50ad.pdf. Acesso em 02 de julho de 2021.

CAHALI, Francisco José. Curso de Arbitragem: Mediação, Conciliação, Resolução CNJ 125/2010. São Paulo : RT, 2011.

CAPPELLETTI, Mauro. GARTH, Bryant. Acesso à justiça. Porto Alegre: Sérgio Antonio Fabris Editor, 2002.

CAPPELLETTI, Mauro. Os métodos extrajudiciais de solução de conflitos no quadro do movimento universal do acesso à justiça. Revista de Processo, ano 19, n. 74. abr-jun 1994.

DINAMARCO, Cândido Rangel. Instituições de direito processual civil. São Paulo: Malheiros, 2002. Vol. 1.

GARCEZ, José Maria Rossani. Negociação. ADRS. Mediação. Conciliação e Arbitragem. 2 ed. Rio de Janeiro: Lumen Juris, 2004.

GONÇALVES, Eduardo Damião. Arbitrabilidade objetiva. Tese de Doutorado apresentada à Faculdade de Direito da Universidade de São Paulo, 2008.

GUERRERO, Luiz Fernando. Os Métodos de Solução de Controvérsias. Disponível em: https://www.dinamarco.com.br/wp-content/uploads/SolucaoDeControversias.pdf. Acesso em 02 de julho de 2021.

BASS, Josssey, 2003. Disponível em: https://www.dinamarco.com.br/wp-content/uploads/SolucaoDeControversias.pdf. Acesso em 03/07/2021

MARTINELLI, D. Negociação e Solução de Conflitos - Do Impasse ao Ganha-ganha Com o Melhor Estilo. Grupo GEN, 2020. [Grupo GEN].

MEDINA, Eduardo Borges de Mattos. Meios Alternativos de Solução de Conflitos: o cidadão na administração da justiça. Porto Alegre: Sergio Antônio Fabris, 2004.

MERÇON-VARGAS, SARAH. MEIOS ALTERNATIVOS NA RESOLUÇÃO DE CONFLITOS DE INTERESSES TRANSINDIVIDUAIS. Dissertação para Mestrado da Faculdade de Direito de São Paulo. São Paulo, 2012. Disponível em https://www.teses.usp.br/teses/disponiveis/2/2137/tde-06032013-091823/publico/Dissertacao_VF_Sarah_Mercon_Vargas.pdf. Acesso em 03 de julho de 2021.

PESSOA Carlos. Negociação aplicada : como utilizar as táticas e estratégias para transformar conflitos interpessoais em relacionamentos cooperativos. Grupo GEN, 2008. [Grupo GEN].

SCAVONE Jr., Luiz Antonio. Arbitragem - Mediação, Conciliação e Negociação. Grupo GEN, 2020. [Grupo GEN].

TARTUCE, Fernanda, Mediação nos Conflitos Civis, São Paulo, Método, 2008.

A INFLUÊNCIA DA ÉTICA NA ATUAÇÃO DO CONCILIADOR E SUAS RESPONSABILIDADES.

Autora:

Camila Maiara Da Silva Leite

INTRODUÇÃO

A conciliação desenvolveu-se progressivamente no Brasil ao longo dos anos, assim como os demais métodos adequados de solução de conflitos trouxe mudanças eficazes aos paradigmas do judiciário no que diz respeito à quantidade de demandas que crescem desenfreadamente no país. O incentivo do Judiciário após a Resolução nº 125 do Conselho Nacional de Justiça, que apresenta os pilares da política nacional e o apoio à utilização dos métodos adequados de solução de conflitos, já demonstra a sua importância, sobretudo após a inserção da conciliação no Código de Processo Civil.

Ao nos depararmos com os dados apresentados pelo Conselho Nacional de Justiça, através de publicações recentes do "Justiça em números", verifica-se um aumento no número de sentenças homologatórias, especialmente no "Justiça em números 2020", que se refere ao estudo do ano anterior, qual seja 2019, que apontou 228.782 sentenças homologatórias de acordo (6,3%) em relação ao ano de 2018.

Nesse sentido, acredita-se que a mentalidade dos jurisdicionados e apoio do Poder Judiciário fortalecem a ideia de uma solução de conflitos mais eficiente, entretanto, é necessário nesse contexto, diante da cultura do litígio que está inserida em nossa sociedade, evidenciar a importância desse método dentro de uma nova perspectiva cultural, de modo a apresentar os seus princípios norteadores, legislação aplicável e assegurar a segurança jurídica do procedimento, especialmente quanto a responsabilidade ética do conciliador.

Em busca por artigos científicos no que tange à conciliação, percebe-se a existência de diversos artigos que tratam sobre o assunto, contudo, poucos que versam sobre a influência da ética na atuação do conciliador e suas responsabilidades, o que é imprescindível se pensarmos que o conciliador auxiliará as partes gerenciando os conflitos para uma melhor solução, bem como, em virtude de ser ele um especialista na espécie de conflito, que poderá oferecer alternativas para um possível acordo (VASCONCELOS, 2017, p. 64), o que já demonstra a salutar difusão e estudo sob esse aspecto.

O Conselho Nacional de Justiça, nesse sentido, para assegurar o desenvolvimento da Política Pública de tratamento adequado dos conflitos, por compreender que a conciliação é um instrumento efetivo de pacificação social e prevenção de litígios, instituiu o "Código de Ética de Conciliadores e Mediadores Judiciais" para garantir a qualidade dos serviços de conciliação e mediação.

O problema que se vislumbra no caso em tela seria a aplicabilidade do "Código de Ética de Conciliadores e Mediadores Judiciais", tendo em vista a influência da ética na atuação do conciliador e suas responsabilidades.

No que se refere ao recorte metodológico, utilizou-se a pesquisa exploratória com embasamento teórico, haja visto que a revisão de literatura nessa conjuntura e a leitura de artigos são de suma importância.

Ademais, a pesquisa limitar-se-á à análise, interpretação e compreensão da temática como objetivo geral, em que apresentaremos um breve histórico da conciliação no Brasil, a legislação aplicável e os princípios norteadores, como se dá a formação do conciliador, uma análise do código de ética de conciliadores e mediadores judiciais, para, por conseguinte, tratarmos acerca da ética na atuação do conciliador e suas responsabilidades, momento em que abordaremos sobre a ética do conciliador, sobre como separar os interesses pessoais de interesses da causa, bem como as responsabilidades do conciliador na sessão de conciliação.

BREVE HISTÓRICO DA CONCILIAÇÃO NO BRASIL

A conciliação é um dos métodos adequados de solução de conflitos que ao longo dos anos vem ganhando notoriedade no Brasil, sobretudo em razão das demandas que cresciam desenfreadamente no âmbito do judiciário, e que despertou a necessidade da promoção e divulgação desse e de outros métodos por parte do Conselho Nacional de Justiça, através do desenvolvimento da Política Pública de tratamento adequado dos conflitos, para que chegassem ao judiciário causas que realmente necessitassem da avaliação de um terceiro, posto que em diversos casos, as partes ajuízam a ação com o intuito de "punir" o outro e mesmo após obterem um resultado considerado positivo, obterem ganho de causa, não se sentem satisfeitas (AZEVEDO, 2016).

É verdade que ainda é necessária uma mudança cultural, uma vez que ainda temos uma cultura do litígio enraizada em nossa cultura, contudo, verifica-se uma mudança de paradigma ao analisarmos os dados apresentados pela revista "Justiça em Números" que apresenta o aumento no número de sentenças homologatórias, demonstrando a viabilidade e efetividade da conciliação como "instrumento pacífico de resolução de conflitos" em que as partes decidem o que entendem ser o melhor para ambas com o auxílio de um conciliador que atua utilizando as técnicas aplicáveis ao caso concreto, e que detém a confiança das partes, especialmente dentro do padrão técnico e ético esperados.

Contudo, é interessante mencionarmos que a conciliação não é um instituto novo, teve início no Brasil ainda na fase colonial com as ordenações manuelinas (livro 3, título XV, item I) que previa que as partes deveriam tentar conciliar antes mesmo de buscarem o "Estado-Juiz", assim como posteriormente nas ordenações filipinas (livro 3, título XX, parágrafo 1) que além de manter a mesma sistemática, determinavam que os magistrados verificassem se as partes tentaram a autocomposição (CAMPOS e FRANCO, 2017).

A Constituição Política do Império do Brasil em 1824 em seu artigo 161 da mesma forma, assegurava que era necessária a tentativa de "reconciliação" antes de iniciar um processo (BRASIL, 1824), contudo, os diversos problemas com o procedimento de conciliação desencadearam no descrédito deste no século XX, especialmente pela ignorância das leis e do grau de instrução dos "juízes de paz" que atuavam na função de "conciliadores" e que ficaram conhecidos por serem corruptos e incompetentes (FLORY, apud CAMPOS e FRANCO, 2017), além do formalismo jurídico que se instaurava na Europa, e posteriormente em nosso ordenamento jurídico, que distanciou ainda mais o instituto da conciliação por meio do Decreto n. 359/1980 que extinguiu a conciliação como procedimento prévio para adentrar com processo judicial por considerar o procedimento ineficiente e oneroso.

O Código de Processo Civil de 1973 tentou reaver, por sua vez, o procedimento de conciliação ao prever o procedimento em alguns dos seus artigos, como no artigo 447 que propôs que em causas relativas à família, teria lugar a conciliação, no artigo 448 que estabeleceu que antes de iniciar a instrução o juiz tentaria conciliar as partes, e, por fim, o artigo 449 que assegurava que o termo de conciliação homologado pelo juiz teria força de sentença, trazendo segurança jurídica para as partes.

Mais adiante, pela crescente judicialização, a Constituição Federal de 1988 determinou a criação dos Juizados Especiais para o julgamento de processos com complexidade menor, bem como trouxe de forma expressa a justiça de paz por meio da conciliação, visando especialmente a descentralização da função jurisdicional por meio de auxiliares da justiça e a conciliação como método de solução de conflitos (CAMPOS e FRANCO, 2017).

A Lei n. 9.958/2000, no mesmo sentido, instituiu a Comissão de Conciliação Prévia no âmbito trabalhista, suspensa em 2009 pelo Supremo Tribunal Federal (Ações Diretas de Inconstitucionalidade n. 2.139 e 2.160) por entender que a obrigatoriedade da participação dos trabalhadores na conciliação violava o direito ao acesso à justiça.

Todavia, como já mencionado alhures, a quantidade de demandas existentes estava causando um verdadeiro colapso ao judiciário, o que de certa forma, também violava o direito ao acesso à justiça, principalmente se pensarmos que o acesso à justiça exige que o Estado ofereça a adequada tutela jurisdicional de forma tempestiva e efetiva (MARINONI e ARENHART, 2001). Ora, não há como proferir uma resposta célere diante das diversas demandas que só crescem no âmbito jurisdicional, como falar em acesso à justiça?

Nesse Diapasão, a Resolução n. 125 do Conselho Nacional de Justiça dispôs sobre a Política Judiciária Nacional de tratamento adequado dos conflitos de interesses promovendo os demais métodos de solução de conflitos que podem ser utilizados na resolução das controvérsias, em especial, os métodos consensuais ou autocompositivos como a conciliação. Ressaltamos que no anexo III da supracitada resolução consta ainda o Código de Ética de Conciliadores e Mediadores Judiciais como forma de garantir a qualidade dos serviços de conciliação e mediação enquanto instrumentos efetivos de pacificação social e prevenção de litígios, trazendo princípios fundamentais que formam a consciência dos terceiros facilitadores e os imperativos de sua conduta.

A Lei n. 13.105/2015 ("Novo" Código de Processo Civil), no mesmo sentido e de forma assertiva, demonstrou a preocupação do legislador em inserir a conciliação como uma forma adequada de solução de conflitos, visando a promoção da autocomposição, em detrimento da cultura do litígio, tornando obrigatória a audiência de conciliação que será realizada por um terceiro imparcial denominado de conciliador, em um ambiente tranquilo e menos formal, onde as partes podem dialogar e chegarem a um consenso acerca da controvérsia que as levaram ao judiciário. O legislador se preocupou ainda em garantir às partes, que o conciliador e o mediador estarão sujeitos aos deveres que lhes são impostos por lei sob pena de exclusão do seu cadastro, logo, conferindo segurança às partes e ao procedimento.

LEGISLAÇÃO APLICÁVEL E PRINCÍPIOS NORTEADORES

A legislação aplicável à conciliação é a Resolução n. 125 de 29 de novembro de 2010 do Conselho Nacional de Justiça – CNJ, que em seu anexo III apresenta o Código de Ética de Conciliadores e Mediadores, e o Código de Processo Civil – CPC (Lei. 13.105.2015).

Os princípios norteadores estão insculpidos no artigo 1º do anexo III da resolução n. 125/2010 do CNJ, vejamos:

Artigo 1º- São princípios fundamentais que regem a atuação de conciliadores e mediadores judiciais: confidencialidade, competência, imparcialidade, neutralidade, independência e autonomia, respeito à ordem pública e às leis vigentes.

§1º. Confidencialidade – Dever de manter sigilo sobre todas as informações obtidas na sessão, salvo autorização expressa das partes, violação à ordem pública ou às leis vigentes, não podendo ser testemunha do caso, nem atuar como advogado dos envolvidos, em qualquer hipótese;

§2º. Competência – Dever de possuir qualificação que o habilite à atuação judicial, com capacitação na forma desta Resolução, observada a reciclagem periódica obrigatória para formação continuada;

§3º. Imparcialidade – Dever de agir com ausência de favoritismo, preferência ou preconceito, assegurando que valores e conceitos pessoais não interfiram no resultado do trabalho, compreendendo a realidade dos envolvidos no

conflito e jamais aceitando qualquer espécie de favor ou
presente;

§4º. Neutralidade – Dever de manter equidistância das
partes, respeitando seus pontos de vista, com atribuição de
igual valor a cada um deles; §5º. Independência e autonomia
- Dever de atuar com liberdade, sem sofrer qualquer pressão
interna ou externa, sendo permitido recusar, suspender ou
interromper a sessão se ausentes as condições necessárias para
seu bom desenvolvimento, tampouco havendo obrigação de
redigir acordo ilegal ou inexequível; §6º. Respeito à ordem
pública e às leis vigentes – Dever de velar para que eventual
acordo entre os envolvidos não viole a ordem pública, nem
contrarie as leis vigentes.

Grifo nosso.

Assim sendo, verifica-se que os princípios basilares são a confidencialidade (no sentido de que o conciliador deverá manter sigilo sobre tudo o que for tratado na audiência de conciliação), competência (deverá ter a qualificação necessária que o habilite para atuar como conciliador no âmbito judicial, que será objeto de estudo em nosso próximo tópico, bem como, participar de reciclagens periódicas para formação continuada), imparcialidade (agir sem favoritismo a qualquer uma das partes), neutralidade (buscará tão somente compreender as partes com equidistância e respeitando as diferentes percepções destas sobre o objeto da controvérsia), independência e autonomia (atuar com liberdade), bem como o respeito à ordem pública e às leis vigentes (o acordo entabulado entre as partes deverá ser válido juridicamente e não poderá violar a ordem pública ou contrariar as leis vigentes).

A Resolução 125/2010 do Conselho Nacional de Justiça – CNJ, em seu anexo I, institui diretrizes curriculares para a formação dos terceiros facilitadores, sendo necessária a realização de um curso de capacitação básica que é dividido em duas etapas, a primeira teórica e a segunda prática (exercícios simulados e estágio supervisionado), perfazendo a carga horária de 100 (cem) horas. Além da carga horária, o Centro Judiciário de Solução de Conflitos e Cidadania - CEJUSC ou as escolas credenciadas junto ao Tribunal de Justiça, responsáveis pela capacitação dos conciliadores e mediadores, deverão adotar o conteúdo programático disponibilizado no anexo supracitado.

Para que o conciliador receba o seu certificado e se inscreva no Cadastro do Conselho Nacional de Justiça, deverá ter a frequência de 100% (cem por cento) nas aulas teóricas, bem como entregará um relatório ao final do módulo, quando estará habilitado para participar do módulo prático, sendo exigido no mínimo 60 (sessenta) horas de atendimento de casos reais em que atuará como observador, co-conciliador e conciliador.

Os interessados em participar do curso de formação em conciliação, deverão buscar as escolas credenciadas junto ao Tribunal de Justiça da sua região para participarem do curso no âmbito privado ou deverão entrar em contato com o Centro Judiciário de Solução de Conflitos e Cidadania - CEJUSC manifestando o interesse em participar do curso.

UMA ANÁLISE DO CÓDIGO DE ÉTICA DE CONCILIADORES E MEDIADORES JUDICIAIS

Objetivando uniformizar a atuação dos conciliadores e demais métodos consensuais de solução de conflitos, o Conselho Nacional de Justiça instituiu na já mencionada Resolução 125/2010, para evitar as disparidades de orientação e práticas, bem como para garantir a boa execução da política pública, especialmente se refletirmos sobre o descrédito do procedimento de conciliação no século XX em que os "Juízes de paz", ora conciliadores na época, ficaram conhecidos por serem corruptos, o Código de Ética de Conciliadores e Mediadores Judiciais para fins de assegurar a qualidade dos serviços prestados, enquanto instrumentos efetivos de pacificação social.

De forma sucinta, verifica-se em um primeiro momento que o Código de Ética aborda já em seu artigo 1º, sobre os já mencionados princípios norteadores: confidencialidade; competência; imparcialidade; neutralidade; independência e autonomia; e, respeito à ordem pública e às leis viagens, demonstrando que os princípios norteadores da conciliação são basilares para o procedimento.

O Diploma legal aborda ainda sobre as regras que regem o procedimento de conciliação e mediação em seu artigo segundo, tratam-se das normas de conduta que devem ser observadas pelos conciliadores e mediadores para o seu bom desenvolvimento e que permitirão o engajamento dos envolvidos e o comprometimento com o acordo eventualmente obtido.

Depreende-se por meio dos parágrafos do artigo 2º, que o legislador se preocupou em esclarecer em rol taxativo as normas de conduta, sendo elas: o dever de informação aos envolvidos de forma clara e precisa, informando os princípios deontológicos já explanados, as regras de conduta e etapas do processo de conciliação; a autonomia da vontade no sentido de respeitar as diferentes percepções dos envolvidos assegurando que ceguem a uma decisão voluntária e não coercitiva podendo interromper a sessão a qualquer momento; ausência de obrigação de resultado, a medida em que o conciliador não deve forçar um acordo e nem tomar decisões pelos envolvidos, mas tão somente criar opções que deverão ser acatadas ou não pelas partes; desvinculação da profissão de origem, uma vez que o facilitador apesar de ter outras formações está naquele ambiente com a função de auxiliar as partes como conciliador, logo, se for necessária a intervenção por outro profissional para aconselhamento ou orientação, este poderá ser convocado para a sessão desde que todos tenham consentido; além de realizar o teste de realidade, ou seja, assegurar que todos compreenderam perfeitamente as disposições e que são exequíveis, gerando com o comprometimento de todos os envolvidos.

Passaremos a tratar agora acerca dos artigos 3º a 8º que abordam sobre as responsabilidades e sanções do conciliador. O artigo 3º prevê que poderão exercer a função de conciliador perante o Poder Judiciário apenas os que forem capacitados e cadastrados pelos tribunais que regulamentarão o processo de inclusão e exclusão no respectivo cadastro.

O artigo 4º, por sua vez, estabelece que o conciliador deverá exercer a sua função com lisura, respeitando os princípios e regras mencionadas no Código de Ética, assinando um termo de compromisso e submetendo-se às orientações do magistrado coordenador da unidade que estiver vinculado.

Embora o conciliador tenha liberdade para escolher a técnica que utilizará em uma audiência de conciliação, a negociação de valores éticos não é permitida (é vedado ao conciliador ameaçar as partes, criar fatores de pressão para que aceitem determinado acordo, assumir posição de parcialidade, dentre outros).

O artigo 5º aclara que aos conciliadores se aplicam os mesmos motivos impedimento e suspeição dos magistrados, dessa forma, quando constatados, deverão ser informados aos envolvidos com a interrupção da audiência e a sua substituição por outro conciliador.

O artigo 6º dispõe que se o conciliador ficar impedido de exercer as suas funções, deverá informar com antecedência ao responsável para que seja substituído por outro conciliador nas sessões agendadas.

O artigo 7º elucida que o conciliador estará impedido de prestar serviços profissionais de qualquer natureza pelo período de dois anos, aos envolvidos em processo de conciliação sob a sua condução, evitando assim que a conciliação seja desvirtuada e utilizada como moeda de troca em negociações futuras, bem como para obtenção de benefícios financeiros ou pessoais pelo conciliador.

No que se refere ao descumprimento dos princípios e regras estabelecidos no Código de Ética, o artigo 8º aclara que resultará na exclusão do conciliador do cadastro no CNJ, bem como o impedimento para atuar na função em qualquer órgão do Poder Judiciário nacional, o que também ocorre em caso de condenação definitiva em processo criminal, haja visto que a função de conciliador determina que este deve ser uma pessoa de ilibada conduta, ou seja, que não tenha desvios éticos, morais e ilegais.

Assevera ainda em seu parágrafo único que qualquer pessoa que tenha conhecimento de conduta inadequada pelo conciliador, poderá representar ao magistrado coordenador.

Apesar de constar no anexo III que o Código de Ética de Conciliadores e Mediadores seria para atuação no âmbito "Judicial", é importante mencionar os mesmos parâmetros podem ser utilizados para conciliadores extrajudiciais, porém, não existe um controle de fiscalização severo e rígido sobre as premissas éticas que são implementadas nesse caso e por isso é necessário uma escolha consciente e cuidadosa daqueles que necessitam do procedimento quando escolherem um conciliador ou uma câmara privada.

INFLUÊNCIA DA ÉTICA NA ATUAÇÃO DO CONCILIADOR E SUAS RESPONSABILIDADES

A ética profissional influencia diretamente na atuação do conciliador, Carlos Eduardo Vasconcelos, nesse sentido, ao trazer algumas reflexões de ordem prática, afirma que o Poder Judiciário precisa compreender os alcances da conciliação e da mediação, sendo considerado inconstitucional e imoral a nomeação de parentes ou estagiários inexperientes para atuarem como conciliadores, principalmente por ser necessária a devida capacitação, mas também a análise do seu perfil comportamental e seus antecedentes (VASCONCELOS, 2017).

Segundo o Autor, a conciliação é uma atividade interdisciplinar que pressupõe um conhecimento especializado, posto que o futuro conciliador deverá ser capacitado, possuir maturidade, aptidão prática, perfil apropriado e ter reconhecida a sua idoneidade, características fundamentais do conciliador, uma vez que será o responsável por auxiliar vidas, pela "justiça de paz" prevista nas disposições gerais do artigo 98, II da Constituição Federal, assim como são indispensáveis ao desenvolvimento de uma comunicação construtiva, por uma linguagem persuasiva, emancipatória e solidária que busca a cultura de paz e direitos humanos.

Ressaltamos ainda que é necessário para que haja um bom trabalho por parte do conciliador, honestidade e altruísmo nas condutas institucionais, posto que sem relações "honestas" que resulte em confiança recíproca e sem altruísmo, somos vencidos pela incompreensão e violência, valores opostos ao que se espera de uma conciliação, que preza pelo desenvolvimento de um protagonismo responsável, com vistas à estabilidade democrática, à igual liberdade, à igualdade de oportunidades e à existência digna, que são valores que estão inseridos no princípio universal da dignidade da pessoa humana (VASCOCELOS, 2017).

Outrossim, os princípios éticos insculpidos no Código de Ética, são normas objetivas e fundamentais que estão relacionadas às virtudes subjetivas relacionadas diretamente à dignidade da pessoa humana já explanada, que é reconhecida por seus atributos de honestidade e altruísmo, e, para nortear essa atuação por parte do conciliador é que foi instituído o Código de Ética, posto que a "ética profissional é uma forma particular de materialização – de expressão – da vida moral em sociedade" (FORTI, 2010).

ÉTICA DO CONCILIADOR

O conciliador auxilia diretamente à justiça por meio das técnicas utilizadas nas audiências de conciliação e pela forma como conduz aquela. Fala-se muito na tecnicidade do conciliador, contudo, é necessário considerarmos o que se espera dele sob o prisma da ética, sobre o conjunto de valores sociais que norteiam as suas ações, posto que este será o responsável por auxiliar a comunicação das partes, sugerindo opções para resolução da controvérsia, mas sobretudo sendo o responsável direto pela pacificação social.

Nessa perspectiva, a Resolução 125/2010 do CNJ insere o Código de Ética dos Conciliadores e Mediadores, pois compreende a importância da função de conciliador como agente pacificador na vida de outras pessoas, que podem se sentir lesadas ou mesmo se decepcionarem com o Instituto como ocorreu no século XX. Como forma de manter um padrão de atuação, bem como para garantir a efetividade e uma boa prestação de serviço, estabeleceu em seu código os preceitos éticos esperados, pautados por princípios que devem ser observados, regras para o procedimento, responsabilidades e até mesmo sanções em caso de descumprimento.

O conciliador, ao conduzir os trabalhos, deve estimular possíveis formas de resolução das controvérsias, o que não significa tomar partido, forçar uma das partes a concordar ou aceitar determinada sugestão, é o que prevê o artigo 2º do Código de Ética do conciliador, há uma ausência de obrigação de resultado, ou seja, o facilitador não deve tomar decisões pelos envolvidos.

É necessário que o conciliador compreenda que atuará na gestão dos conflitos apresentados pelos envolvidos, ou seja, lidará com questões de cunho pessoal e obstáculos decorrentes do antagonismo de posições, o que demonstra a importância de certas características de personalidade para que exerça da melhor forma a sua função, isso porque o envolvimento do conciliador, mesmo que bem intencionado, origina problemas para as partes, o que colocaria em risco até mesmo a legitimidade de um possível termo de acordo, especialmente em situações de notório desequilíbrio (TAKAHASHI. 2015).

Ademais, as atitudes do conciliador devem estar de acordo com os princípios norteadores da atividade conciliatória, os seus padrões culturais devem ser afastados, a medida em que darão lugar à empatia não no sentido de se colocar no lugar no outro, mas também em compreender que cada pessoa tem uma percepção diferente, logo, deve o conciliador ouvir para compreender, mas principalmente para auxiliar as partes para que possam chegar a um entendimento do que as levou àquela sessão de conciliação. É essencial ainda que os envolvidos saibam da existência dos preceitos éticos para que possam confiar no conciliador e no procedimento, que apesar de informal, não ocorre de forma desestruturada, seguindo os preceitos éticos e as normas vigentes.

COMO SEPARAR INTERESSES PESSOAIS DE INTERESSES DA CAUSA

Em uma audiência de conciliação, muitas questões de ordem pessoais são explanadas, sendo considerada a confidencialidade do procedimento, um dos maiores deveres éticos atribuídos ao conciliador, que deve ser discreto e assegurar que todas as informações estarão seguras, mesmo quando restar infrutífera a sessão de conciliação, não podendo nem mesmo servir como testemunha em processo judicial.

É importante registrar que os magistrados não são os responsáveis por audiências de conciliação pois teriam sua imparcialidade atingida e os envolvidos no conflito não se sentiriam à vontade para explanar sobre questões mais íntimas, mas apenas em buscar o que consta na exordial, resolvendo tão somente a lide processual, e não se sentindo satisfeito em razão de ter sido frustrada a lide sociológica.

Desta feita, já demonstra-se a importância da equidistância das partes em conflito por parte do conciliador, que é o que denomina-se, já na "declaração de abertura" quando o conciliador traz informações essenciais acerca do procedimento de conciliação, como neutralidade, apesar de muitas pessoas considerarem sinônimo de imparcialidade, é importante destacar que a imparcialidade se refere à ausência de preferência, enquanto que a neutralidade pressupõe que o conciliador não deve permitir que os seus conceitos e culturas interfiram em sua condução, ou que sejam estabelecidos vínculos que desfavoreçam um dos envolvidos.

Nesse contexto, Roger Fisher, Willian Ury e Bruce Patton (2005, p. 40) elucidam que o conciliador deve estar preparado para enfrentar as diferenças e adversidades, com uma visão prospectiva e voltada para o futuro. Deverá lidar diretamente com os problemas das pessoas e não solucioná0los por meio de concessões substantivas. Sobre as diferentes percepções, aclara que o conciliador deve procurar esclarecê-las e que se as emoções se intensificarem, deverá encontrar meios para que os envolvidos possam extravasá-las, a sua principal função é a de aprimorar a comunicação.

Como responsável pelo aprimoramento da comunicação, o conciliador deve desenvolver competências socioemocionais e sobretudo a consciência social, deve conduzir as partes com uma visão positiva e compreender questões que podem atrapalhar o transcurso da sessão. É necessário fortalecer as relações e empoderar os envolvidos para que se cheguem ao entendimento, para que compreendam a percepção do outro a partir de sua fala, é a gestão do conflito e daquele relacionamento. Assim sendo, é necessário separar os interesses pessoais dos interesses da causa, pois como poderemos compreender o outro de forma neutra se obtivermos em nosso foro íntimo questões similares que ocasionariam em certa parcialidade de juízo de valor?

Até que ponto somos neutros? A autoconsciência nesse sentido, envolve compreendermos os nossos próprios sentimentos e pensamentos antes de atuarmos como facilitadores e de fato auxiliarmos as pessoas a solucionarem os seus conflitos, no entanto, é necessário a autogestão emocional do conciliador, inteligência emocional e principalmente resiliência para compreender que o outro pode pensar de forma diferente, mas que se estão ali, buscam obter entendimento sobre o que ocorreu e como solucionar o conflito existente, mormente se analisarmos a conciliação como uma oportunidade de dialogar de forma tranquila e buscar a compreensão sem definir quem está certo ou errado.

Segundo Carl Rogers apud Marshall Rosenberg (2006, p. 159), quando descreve o impacto da empatia, explica que quando alguém se sente ouvido, consegue perceber o mundo de uma forma diferente, os problemas que até então pareciam insolúveis, se torna solúveis quando alguém escuta e por isso é tão importante que o conciliador, ao solicitar uma escuta "ativa" pelas partes, também deve utilizar essa técnica, ouvir para compreender e não para julgar, por meio de uma percepção subjetiva, ressignificar os padrões e crenças que possui por meio de uma observação curiosa que visa compreender o ponto de vista do outro ao buscar as suas necessidades não atendidas, interesses reais e sentimentos.

Joseph Stulberg, ao trazer as funções do mediador, explica que este deve presidir a "discussão", esclarecer as comunicações, trazer de forma amena as propostas em termos não polarizados, expandir recursos disponíveis para o acordo, verificar a viabilidade do acordo por meio do teste de realidade, compreender a frustração das partes e principalmente assegurar o processo. É importante esclarecer que apesar de serem processos distintos, têm-se que o conciliador é um mediador avaliativo, segundo o que estabelece o Manual de Mediação Judicial do Conselho Nacional de Justiça.

Para tanto, na qualidade de sujeito essencial na condução da sessão de conciliação, é dever deste, zelar pela execução das suas funções de forma ética, respeitando os princípios que lhes são impostos agindo de forma razoável na busca pelos interesses que satisfaçam ambas as partes, sem que haja qualquer juízo de valor que comprometa a execução daquele procedimento, sendo seu dever sinalizar qualquer tipo de impedimento, inclusive em razão de suas crenças, momento em que deverá sinalizar o seu superior para que providencie a sua substituição.

RESPONSABILIDADES DO CONCILIADOR

Além da tecnicidade do conciliador, existem responsabilidades a ele inerentes, especialmente no que tange à normas de conduta voltadas ao engajamento dos envolvidos com vistas à pacificação social e o comprometimento de que o acordo entabulado será cumprido. O Conselho Nacional de Justiça, determinou nos artigos 3º a 8º da Resolução 125/2010, as responsabilidades e sanções para os conciliadores e mediadores. Destacamos especialmente o artigo 4º que prevê a necessidade do conciliador exercer sua função com lisura, respeitando os princípios éticos no exercício da sua função e submetendo-se às orientações do magistrado coordenador da unidade a que está vinculado.

Trazendo um breve resumo do que já foi exposto ao explanarmos acerca do Código de Ética dos Conciliadores e Mediadores no tópico 3, o conciliador deve ser capacitado (artigo 3º), aplicam-se a ele os mesmos motivos de impedimento e suspeição dos juízes (artigo 5º), em caso de impossibilidade temporária para o exercício da função deverá informar com antecedência ao responsável para que seja providenciada a substituição (artigo 6º), ficará absolutamente impedido de prestar serviços profissionais de qualquer natureza pelo prazo de dois anos em processo de conciliação sob sua condução (artigo 7º) , e, o descumprimento dos princípios e regras estabelecidos no Código de Ética deverão ser respeitados sob pena de exclusão do conciliador no cadastro do Conselho Nacional de Justiça que acarretará no impedimento para atuar nesta função em qualquer outro órgão do Poder Judiciário Nacional.

Contudo, é importante ressaltar que a responsabilidade do conciliador perpassa o que leciona o Código de Ética, isso porque além de respeitar os princípios insculpidos neste, o conciliador deverá atuar de forma clara e acessível, conduzir as partes observando o equilíbrio, compreender que existe a ausência da obrigação de resultado, uma vez que o acordo deve ocorrer pela vontade das partes, compreender é necessário se desvincular da profissão de origem, bem como realizar testes de realidade para verificar se as partes conseguirão cumprir com o que foi entabulado e se certificar de que compreenderam as cláusulas elaboradas.

Além das técnicas aplicáveis como a declaração de abertura, rapport, escuta ativa, perguntas reflexivas, dentre outras, é necessário que o conciliador se distancie de suas culturas e crenças durante a sessão de conciliação, o foco estará na fala do outro por meio de uma escuta empática. A partir da escuta e da observação o conciliador fará perguntas para identificar as necessidades de cada um dos envolvidos, atuando com paciência e congruência, momento em que percebemos também a importância das características e perfil do conciliador.

Assim sendo, consideramos que a condução do procedimento em sua totalidade é de responsabilidade do conciliador e a sua conduta influenciará diretamente no resultado, uma vez que o conciliador como facilitador do diálogo deverá alcançar a confiança das partes, o que demonstra a importância de uma condução bem realizada e pautada nos princípios éticos sobretudo para assegurar que o procedimento é seguro e realizado por um profissional capacitado que auxiliará na comunicação.

CONCLUSÃO

Ultimamos por meio do trabalho em vigor, que é imprescindível a atuação do conciliador de forma ética, observados os princípios estabelecidos no Código de Ética de Conciliadores e Mediadores, sobretudo pelo breve histórico do instituto de conciliação no Brasil que já demonstrou certo descrédito por parte dos "juízes de paz" que atuavam na função de conciliadores na época, que ocasionou em uma perda muito grande para o nosso país, posto que embora tenhamos retomado a utilização da conciliação, ainda vivemos em um país com uma cultura altamente voltada para o litígio.

É necessário que os envolvidos no conflito percebam que apesar de ser um procedimento informal, que a conciliação possui uma estrutura e organização, seja ela de ordem técnica, na medida em que os conciliadores devem ser capacitados, em relação ao ambiente, que é organizado para atender melhor os envolvidos, bem como as leis aplicáveis que trazem segurança jurídica ao que for definido naquela sessão, além do Código de Ética que busca garantir a boa execução da política pública.

A atuação com base nos princípios éticos por parte do profissional proporcionará a promoção da cultura da paz, haja visto que mesmo quando não há acordo, se as partes saírem da sessão melhores do que entraram, compreenderão a importância de um diálogo anterior ao processo judicial, conferindo valor à conciliação e, por conseguinte, a busca pelos métodos adequados de solução de conflitos em controvérsias posteriores pela experiência positiva obtida na sessão de conciliação.

REFERÊNCIAS BIBLIOGRÁFICAS

BRASIL. CONSELHO NACIONAL DE JUSTIÇA. (2016). Azevedo, André Gomma de (Org.). Manual de Mediação Judicial, (6ª Edição) Brasília/DF:CNJ.

BRASIL. Lei nº 13.105, de 16 de março de 2015. Consultado em: <http://www.planalto.gov.br/ccivil_03/_ato2015-2018/2015/lei/l13105.htm>. Acesso em 23 de junho de 2021.

CAMPOS, A. P; e FRANCO, J. V. S. F. (2017). A Conciliação no Brasil e a Importância da Figura dos Juízes Leigos para o seu Desenvolvimento. Anais do VI Congresso Internacional UFES/Paris-Est.Consultado em <https://periodicos.ufes.br/ufesupem/article/view/18025>. Acesso em 23 de junho de 2021.

COELHO, E. (2015). Desenvolvimento da cultura dos métodos adequados de solução de conflitos: uma urgência para o Brasil. In: ROCHA, Caio César Vieira; SALOMÃO, Luis Felipe. Arbitragem e mediação – a reforma da legislação brasileira. São Paulo: Atlas.

CONSELHO Nacional de Justiça. Resolução nº 125, de 29 de novembro de 2010. Consultado em: <https://atos.cnj.jus.br/files/resolucao_125_29112010_03042019145135.pdf>. Acesso em 23 de junho de 2021.

FORTI, Valeria. (2010). Ética, crime e loucura: reflexões sobre a dimensão ética no trabalho profissional. Rio de Janeiro: Lumen Juris.

GRINOVER, A. P. (2007). Os fundamentos da justiça conciliativa. In: GRINOVER, A. P. WATANABE, K.; LAGRASTA NETO, C. (Coords.). São Paulo: Atlas.

JUSTIÇA EM NÚMEROS 2020: Ano-base 2019/Conselho Nacional de Justiça - Brasília: CNJ, 2020.

MARINONI, L. G;ARENHART, S. C; (2001). Manual do processo de conhecimento. São Paulo: Revista dos Tribunais.

REIS, A. (2015). Mediação e impactos positivos para o judiciário. In: ROCHA,Caio Cesar Vieira; SALOMÃO, Luis Felipe (Coord.). Arbitragem e Mediação: A Reforma da Legislação Brasileira. São Paulo: Atlas.

ROSENBERG, Marshall B. (2006). Comunicação não-violenta: técnicas para aprimorar relacionamentos pessoais e profissionais. Tradução Márcio Vilela. São Paulo: Ágora.

SALLES, C. A. de; LORENCINI, M. A. G. L; DA SILVA, E. A. (Coord.). (2020) Negociação, mediação, conciliação e arbitragem: curso de métodos adequados de solução de controvérsias. 3ª Ed. Rio de Janeiro: Forense.

TAKAHASHI, B. (2015). O Papel do Terceiro Facilitador na Conciliação de Conflitos Previdenciários. Dissertação de Mestrado da Universidade de São Paulo.

VASCONCELOS, C. E. de. (2017). Mediação de conflitos e práticas restaurativas. 5ª Ed. Rio de Janeiro: Forense; São Paulo: MÉTODO.

O QUE NÃO É CONCILIAR: UMA ANÁLISE DA PRAXE FORENSE

Autor:

Alexandre Sócrates Da Silva Mendes

INTRODUÇÃO

No atual estágio da litigiosidade alcançada no Estado Brasileiro, se nada for feito em relação ao fomento da cultura da paz; do empoderamento da sociedade e de suas instituições, no sentido de que cada qual se sinta responsável pela resolução de suas próprias demandas, dentro em breve o sistema judiciário brasileiro entrará em colapso.

A velha receita de se criar novos cargos, construir novos prédios, contratar mais juízes e servidores, para se vencer o oceano de processos que abarrotam os fóruns Brasil a dentro, não se presta ao enfrentamento da avalanche de processos que assola o Poder Judiciário. Em verdade, tal reação estatal tem o condão de fomentar ainda mais a litigiosidade, pois o crescimento do Poder Judiciário, alinhado ao exército de advogados formados pela indústria das Faculdades de Direito, produz um efeito reverso ao pretendido.

Diante desse cenário foi que se pensou uma política judiciária nacional, inicialmente com a edição da Resolução n° 125 do CNJ, seguido da aprovação do novo Código de Processo Civil, da lei de mediação (lei 13.140/2.015), e outros diplomas normativos não menos importantes.

Pretende-se, com o presente artigo investigar qual é o verdadeiro propósito por trás de todo esse movimento de conciliação e mediação visto nas últimas décadas. O primordial objetivo da adoção dos chamados métodos autocompositivos de solução de conflitos é arquivar processos, com a redução das taxas de congestionamento, ou a criação de uma cultura da paz?

Paralelamente será necessário investigar qual é a função do conciliador, quais são os preceitos éticos e princípios que orientam a sua atividade, fixando uma espécie de arquétipo do conciliador ideal, com base em nosso ordenamento jurídico. Na sequência passar-se-á a perquirir práticas usuais observadas no foro judicial, que não observam o padrão ideal de atuação do conciliador, identificando abordagens que podem ser tidas como exemplos do que não seja conciliar.

No presente texto a expressão conciliação será utilizada como gênero, ou seja, em seu sentido amplo, englobando em seu conceito a conciliação propriamente dita, a mediação, e os demais métodos adequados de resolução de conflitos. Ainda, a metodologia empregada será um revisão bibliográfica.

PORQUÊ DEVEMOS INVESTIR NA CONCILIAÇÃO?

Há um dito popular, cuja autoria é atribuída ao físico Albert Einstein, que diz: "Insanidade é continuar fazendo sempre a mesma coisa e esperar resultados diferentes".

Partindo dessa premissa, e analisando os dados extraídos do relatório Justiça em Número do CNJ verificaremos que, se o Poder Judiciário não adotar um novo norte, um novo paradigma, dentro de pouquíssimo tempo a função jurisdicional do Estado estará, definitivamente, inviabilizada.

Os magistrados brasileiros trabalham muito, como comprova o relatório do CNJ, enfrentando uma avalanche cada vez maior de processos, que crescem em ritmo exponencial, sendo possível verificar uma produção crescente, acompanhada de uma demanda também crescente.

Todavia, o aumento da produtividade dos magistrados não é sustentável no longo prazo, e em determinando momento chegará em seu ápice, pois os juízes são seres humanos que possuem vida privada, possuem famílias, filhos, direito ao descanso, ao lazer e etc., ou seja, são seres humanos que também possuem direito sociais previstos na Constituição da República e na Lei Orgânica da Magistratura.

O relatório Justiça em Números 2020 informa que o Poder Judiciário finalizou o ano de 2019 com 77,1 milhões de processos em tramitação, e que no mesmo ano ingressaram 30,2 milhões de processos, sendo baixados 35,4 milhões de feitos. Constatou-se que houve um crescimento dos casos novos em 6,8%.

Vê-se que o número de casos novos cresce anualmente, tanto que no início série histórica de casos novos, computados pelo CNJ, em 2009 ingressaram nos escaninhos do Poder Judiciário 24,6 milhões de processos. Observa-se, portanto, que numa curta janela de dez anos houve um incremento considerável na litigiosidade, saindo da casa dos 24,6 milhões de processos novos em 2009 para o patamar de 30,2 milhões de processos novos em 2019.

Ademais, dessume-se do aludido relatório que a produtividade dos magistrados brasileiros também aumentou significativamente, o que, todavia, é insuficiente para a resolução do problema estrutural, diante da constatação de que o volume de processos médio sob a gestão dos magistrados foi de 6.962 em 2019, significando um aumento de 13%.

Quanto à produtividade dos magistrados extrai-se do Justiça em Números 2020 o impressionante dado, in verbis:

> "Nesse período de 5 anos, a produtividade aumentou em 24,2%, alcançando a média de 2.107 processos baixados por magistrado em 2019, ou seja, uma média de 8,4 casos

solucionados por dia útil do ano, sem descontar períodos de
férias e recessos". (CONSELHO NACIONAL DE JUSTIÇA,
2020, p. 105).

Traçadas essas breves linhas é possível constatar que, a despeito de todos os esforços incrementados pelo Poder Judiciário ao longo da última década, verificou-se que há uma verdadeira crise no incremento do processos, que mesmo diante da produção crescente, não diminuem os índices de litigiosidade.

O que se verifica é que está arraigada na sociedade brasileira a cultura do litígio, a cultura da sentença, em que as partes não se sentem responsáveis pela resolução de seus próprios problemas, preferindo que a solução seja dada pelo Estado-Juiz, estimulando-se a litigiosidade. Tal litigiosidade, cada vez maior, é incompatível com a estrutura do Poder Judiciário, que em determinado momento não terá mais condições de crescer, sob pena de se inviabilizar o próprio orçamento público.

Impende asseverar, por oportuno, a crítica feita pelo jurista Carreira Alvim, acerca da deturpação da concepção do termo "acesso à justiça" no Brasil. Segundo o mencionado autor, o acesso à justiça deveria ser considerado como a possibilidade de ingresso, aliado à tempestividade da tutela, bem como a efetividade na consecução do bem da vida. Por oportuno, transcreve-se trecho das conclusões do aludido autor:

"Como disse, o problema do acesso à Justiça não é uma
questão de "entrada", pois, pela porta gigantesca desse templo
chamado Justiça, entra quem quer, seja através de advogado
pago, seja de advogado mantido pelo Poder Público, seja de
advogado escolhido pela própria parte, sob os auspícios da
assistência judiciária, não havendo, sob esse prisma, nenhuma
dificuldade de acesso. O problema é de "saída", pois todos
entram, mas poucos conseguem sair num prazo razoável,

e os que saem, fazem-no pelas "portas de emergência",
representadas pelas tutelas antecipatórias, pois a grande
maioria fica lá dentro, rezando, para conseguir sair com vida.

Este é o grande problema e o grande obstáculo que
enfrentamos, cabendo à doutrina, através de concepções
voltadas para a realidade brasileira, sem copiar modelos
estrangeiros, contribuir para a formação de uma onda de
"descesso" (saída) da Justiça, para que o sistema judiciário se
torne mais racional na entrada, mas, também, mais racional
e humano na saída." (CARREIRA ALVIM, 2003, p. 13).

Portanto, é preciso se repensar a jurisdição de uma forma ampla, conglobante, inserindo no âmago da sociedade em geral e do Poder Judiciário, o estímulo e fomento de mecanismos judiciais e extrajudiciais adequados para a gestão de conflitos.

Deve-se, portanto, investir-se na cultura da paz, estimulando às partes e advogados a conhecerem e aderirem aos métodos de autocomposição e heterocomposição alternativos de litígios, além da utilização das serventias extrajudiciais e todo o arsenal de opções atualmente disponíveis para se enfrentar adequadamente os conflitos de interesse que normalmente nascem das relações sociais.

Sendo assim, devemos fomentar a cultura da paz, exortando os operadores do direito e as partes a buscarem métodos alternativos à jurisdição estatal, sob pena de em breve chegarmos ao exaurimento da capacidade produtiva do Poder Judiciário, o que além de extremamente custoso, seria demasiadamente prejudicial à sociedade brasileira.

O QUE NOS ENSINARAM SOBRE CONCILIAÇÃO?

O relatório Justiça em Números do CNJ nos mostra, extreme de dúvidas, a exacerbada litigiosidade da sociedade brasileira, tanto que em 2019 a cada 100.000 (cem mil) habitantes, 12.211 (doze mil duzentos e onze) ingressaram com uma ação judicial.

Esse dado, além de trazer perplexidade, traz à nossa mente a indagação de como chegamos à esse ponto. Perquirindo o questionamento, devemos retroagir e analisar o que nos ensinaram, na graduação em direito, sobre a conciliação.

De partida, impende asseverar que apenas em 2019 houve a determinação regulamentar de se incluir, obrigatoriamente, na grade curricular das Faculdades de Direito, disciplinas que versem sobre conciliação, mediação e arbitragem (Resolução CNE/CES n. 5/2018, oriunda do Parecer nº 635/2018, homologado pela Portaria nº 1.351/2018 do Ministério da Educação (MEC). Todavia tal obrigação somente se tornou cogente neste ano de 2021, diante da "vacatio legis" de dois anos (CONSELHO NACIONAL DE JUSTIÇA, 2019).

Sabe-se que a Resolução CNJ 125/2010 foi o ponta pé inicial para a inauguração de um novo microssistema jurídico, somando-se a ele o novo CPC, a Lei de Mediação e outras legislações não menos importantes que conferiram densidade normativa à matéria.

Entretanto, antes desses instrumentos normativos, a conciliação, aqui entendida em seu sentido amplo, era tida apenas como uma etapa burocrática, aparentemente desnecessária e com reduzidíssima utilidade prática, já que se resumia à questionar as partes, no início da solenidade, se havia alguma proposta de acordo.

Caso as partes não tivessem tido tratativas anteriores, raramente eram utilizadas técnicas de negociação com vistas a ajudar as partes a construírem uma solução adequada à resolução de seus conflitos. A propósito, colaciona-se o liceu de doutrinário do professor Dinamarco, que nos idos de 1995 escreveu:

> *"É preciso esclarecer, portanto, em que pode consistir a conciliação que no processo se busca obter.*
>
> *Os meios de autocomposição, conhecidos em doutrina e assimilados no Código de Processo Civil, são o reconhecimmento do pedido pelo réu, a renúncia ao direito pelo autor e a transação, como ato intermediário, em que mútuas concessões se fazem as partes (o autor renuncia em parte, o réu reconhece em parte). Em qualquer desses casos extingue-se o processo com julgamento do mérito, conforme definição contida no art. 269, incs. II, III e V do Código de Processo Civil. A conciliação ideal é aquela consistente em definir desde logo o objeto do litígio, por um desses modos, o que eliminará o conflito mesmo e impedirá a repropositura da demanda (coisa julgada)."* (DINAMARCO, 1995, p. 127).

Ademais, é oportuna a transcrição dos ensinamentos do professor Costa Machado, que no ano de 2006, ao tratar da audiência preliminar, na qual estava inserida a fase conciliatória, escreveu:

> *"Obtida a conciliação - porque as partes e/ou seus advogados ou prepostos compareceram à audiência preliminar designada e nela se entenderam e chegaram a acordo -, o juiz ditará ao escrivão (ou escrevente - art. 141, III) todas as condições da transação alcançada para que tudo fique reduzido a termo (termo de conciliação é o instrumento formal desta, do qual constarão o nome do juiz, o número da vara e dos autos, o tipo de ação, o nome das partes e seus advogados, bem como outros*

elementos identificatórios das mesmas). Lavrado o termo e assinado pelas partes e procuradores (ou prepostos), o acordo torna-se irretratável, ainda que por alguma circunstância o juiz ainda não o tenha homologado. O normal, contudo, é que o magistrado o homologue no ato pela aposição da sua assinatura no termo lavrado, o que torna sentença e título executivo (arts. 269, III, e 584, III)." (COSTA MACHADO, 2006, p. 708).

Impende asseverar, por oportuno, que não se está criticando as lições dos mencionados processualista, mas apenas retratando, sob uma perspectiva histórica, o que era ensinado sobre conciliação nos cursos de direito, naquele dado momento.

Tal etapa processual, despida de quaisquer técnicas de negociação ou da assistência de terceiros habilitados e preparados para atuar como um terceiro desinteressado (conciliador ou mediador), facilitando a comunicação entre as partes e construindo pontes para que elas pudessem encontrar um termo comum, geralmente se encerrava com uma resposta negativa simples e rasa, passando-se então para os ulteriores atos processuais.

É importante ressaltar que com essa nova perspectiva não se pretende eliminar os conflitos, tendo em vista que a sua existência é ínsito as sociedade e ao convívio social, sendo, em certo ponto, salutar a sua existência, pois oferece aos indivíduos e aos grupos sociais em litígio, a oportunidade de aprenderem e encontrarem vias alternativas que equilibram a satisfação de suas necessidades.

A existência do conflito pressupõe o desenvolvimento de iterações sociais, de modo que seu surgimento é natural em uma sociedade em movimento, fazendo parte do convívio social. Porém, em um ambiente em que há a cultura da paz, os conflitos são equacionadas através da prática dialógica, argumentativa, em que os envolvidos sentem a necessidade de resolverem seus problemas de modo civilizado, em um ambiente de "ganha-ganha", em que nem sempre haverá uma parte totalmente certa e outra totalmente errada.

A FUNÇÃO DO CONCILIADOR

Com o advento do Código de Processo Civil de 2015, o conciliador saiu de um papel coadjuvante, para estrear dentre os protagonistas do processo, tanto que passou a ser tratado, ladeado pelos peritos, oficiais de justiça, interpretes, contabilistas e etc; como um auxiliar da justiça.

Tal posição de destaque é justificável, tendo em vista que logo no § 3° do art. 3° do CPC se asseverou que a conciliação, mediação e outros métodos de solução consensual de conflitos deverão ser estimulados pelos atores processuais, dentro e fora do processo. Diante desse panorama, é possível dizer que a atual lei adjetiva civil mudou o paradigma então vigente, passando de um processo individualista, para um processo cooperativo, em que todas as partes devem possuir compromisso com a solução adequada do conflito.

Antes mesmo da resposta do réu é previsto que se faça, sempre que possível, a audiência de conciliação, quando então, somente após a sua realização, passará a fluir o prazo para a defesa do réu. Assim, privilegia-se a resolução consensual e acordada do litígio, relegando a discussão de eventual culpa para para um segundo ou terceiro plano, num quadro de importância, reconhecendo-se que a solução construída pelas partes sempre será melhor do que uma sentença.

É reconhecido pelo CPC, portanto, que o sentimento de justiça havido entre as partes quando elas mesmas constroem a decisão que lhes será aplicada, através de métodos de autocomposição, é mais eficaz e satisfatória, havendo um incremento de valor em relação a decisão imposta por um juiz.

O conciliador, portanto, deverá se portar como um terceiro imparcial, que atuará no restabelecimento da comunicação, criando pontes entre as partes para que elas construam, de comum acordo, a melhor decisão que as atendam naquele caso concreto.

Ao contrário do magistrado e do árbitro, o conciliador não tem o poder de decidir, cabendo a ele pontuar questões, sugerir hipóteses, advertir para determinadas situações, admoestar as partes acerca dos efetivos e reais interesses em jogo, enfim, auxiliar as partes na busca pela melhor solução para o conflito de interesses instaurados.

Mas para que o indivíduo possua a bagagem necessária para exercitar toda essa gama de responsabilidades, é necessário que seja adequadamente preparado. Nesse sentido, a resolução 125/2010 do CNJ, que criou a política nacional de tratamento adequado dos conflitos de interesse, previu que somente serão admitidos como conciliadores ou mediadores os interessados que forem devidamente capacitados, através de cursos realizados pelo próprios Tribunais ou por entidades parceiras cadastradas.

Vê-se, portanto, que o legislador apostou alto nos conciliadores, de modo que para abarcar todo o largo espectro de litígios, não se exige que o conciliador tenha formação jurídica, sendo possível a admissão de outros profissionais das mais diversas áreas do conhecimento. Assim, em uma demanda decorrente de um dano causado em uma lavoura, seria salutar que o conciliador possuísse conhecimentos de agronomia, para melhor auxiliar as partes à encontrarem uma solução adequada.

Porém, essa pertinência não é obrigatória, pois é bastante comum conciliadores com formação jurídica atuarem em litígios das mais diversas matizes.

Sob outro vértice, a função do conciliador foi potencializada pelo CPC vigente, considerando que ao dispor acerca dos poderes e deveres do juiz, a norma determinou que ele deverá promover, a qualquer tempo, a autocomposição, preferencialmente com o auxilio de conciliadores e mediadores judiciais.

Afigura-se, portanto, como obrigatória a tentativa de conciliação, sendo de bom alvitre que neste momento o magistrado saia de cena, para que o conciliador ou mediador possa conduzir a sessão de maneira ampla, sem a presença do magistrado. Tal cisão visa fomentar a tentativa de acordo, além de prevenir uma possível quebra da imparcialidade do magistrado, que tendo ciência de aspectos peculiares da demanda, poderia se inclinar a decidir dessa ou daquela maneira.

Com efeito, agora é possível que o conciliador conduza a audiência de conciliação, sob a supervisão do juiz natural, não apenas no âmbito dos juizados, mas também nos processos que tramitam pelo procedimento ordinário e especiais. Tal faculdade, como já dito, preserva a imparcialidade do magistrado, e auxilia na busca da autocomposição, tendo em vista que o conciliador estará apto a aplicar todas as técnicas necessárias visando a obtenção do acordo, sem a necessidade de se preocupar com a gestão de uma unidade judicial, situação que ocorreria caso a audiência fosse presidida pelo juiz.

Vê-se, portanto, que a função do conciliador foi potencializada pelo CPC vigente, passando a ser considerado com um auxiliar da justiça, podendo atuar em qualquer tipo de procedimento, presidindo as audiências de conciliação sob a orientação do juiz, o que certamente ensejará o aumento das taxas de conciliação, e uma aceleração das pautas de audiências judiciais.

PRINCÍPIOS ÉTICOS E RESPONSABILIDADE DO CONCILIADOR

Diante das responsabilidades e prestígio conferidos ao conciliador, também foram impostos responsabilidades e deveres éticos, visando pautar a sua atuação. Esses deveres foram previstos no anexo III, da resolução 125/2010 do CNJ (Código de Ética); no art. 166 do CPC, bem como na lei 13.140/2015.

Considerando que, independente do diploma normativo que os previu, todos são igualmente aplicáveis, transcreve-se, sem distinção, todos os princípios previstos, quais sejam: princípios da independência (autonomia), da imparcialidade, da autonomia da vontade, da confidencialidade, da oralidade, da informalidade, da decisão informada, competência, respeito à ordem pública e às leis vigentes, empoderamento e validação, isonomia entre as partes, da busca do consenso, e da boa-fé.

Decorre de tais princípios que em sua labuta os conciliadores devem atuar com liberdade, sem pressões externas que interfiram na condução da sessão (independência); não deve haver pressões ou ameaças que venham a macular a vontade das partes (autonomia da vontade); devem guardar sigilo de todas as informações obtidas durante a sessão, inclusive sendo vedado repassar informações ao juiz coordenador ou do processo (confidencialidade); devem atuar sem a necessidade de procedimentos escritos rígidos e burocráticos, fazendo a sessão transcorrer de maneira fluida e oral (oralidade e informalidade); deve manter as partes totalmente ciente dos fatos e das implicações em seus direitos (decisão informada); devem possuir a capacitação técnica necessária para a assunção das funções (competência); devem garantir que os acordos sejam compatíveis com a vontade das partes, sem desrespeitar as normas de ordem pública e à legislação (respeito à ordem pública e às leis vigentes); devem estimular as partes a assumirem seu protagonismo na resolução de seus próprios problemas, considerando suas características, dignidade e interesses, fomentando a cultura da paz (empoderamento e validação); devem dispensar a ambas as partes o mesmo tratamento, o mesmo cuidado e atenção (isonomia); devem estimular não apenas a extinção do processo, mas o restabelecimento da paz e harmonia entre os litigantes, através do reconhecimento do outro como sujeito de direito e detentor de dignidade, procedendo com decoro durante e depois da sessão (busca do consenso e boa-fé).

Por ser um auxiliar da justiça a quem se incumbiu uma relevante função, o conciliador deve possuir uma conduta profissional e particular ilibada, não sendo admissível desvios éticos e morais em seu proceder, sob pena de ser excluído da função. Decorre disso, portanto, ser inadmissível um conciliador com histórico criminal e condenações.

Tamanha é a preocupação do Poder Judiciário com a deontologia do conciliador, que a resolução 125/2010 do CNJ, em seu anexo III, criou o Código de Ética dos Conciliadores e Mediadores, estabelecendo princípios e responsabilidade para a sua atuação, visando a uniformização dos procedimentos em todo o país.

O conciliador deve ser versátil, proativo, e estar apto a lidar com as mais inusitadas situações, como as resistências pessoais pré-estabelecidas, obstáculos decorrentes do antagonismo de posições e, principalmente, estar apto a construir/restabelecer canais de diálogo entre os litigantes, que muitas vezes cortaram por completo todo o relacionamento e comunicação.

Contudo, dentre esse manancial de princípios éticos que devem ser observados, o princípio da confidencialidade certamente tem proeminência dentre os demais. Sob pena de se cair em descrédito perante a população, a sessão deve permanecer em total sigilo, sendo que as informações lá obtidas pelo conciliador jamais deverá ser compartilhadas com terceiros e, principalmente, com o juiz que poderá eventualmente julgar a causa.

Mesmo na hipótese do acordo não ter sido obtido o sigilo deve ser mantido, até mesmo porque muitas informações de caráter particulares e personalíssimas são reveladas nessas sessões, de modo que pouco importa o resultado da sessão, devendo o sigilo permanecer. Decorre dessa circunstância o fato de que, o juiz que eventualmente venha proferir a sentença, seja impedido de participar da sessão de conciliação ou de obter informações sobre os fatos que foram revelados na solenidade.

UMA CRÍTICA A PRAXIS FORENSE: O QUE NÃO É CONCILIAR

Iniciando o ponto culminante do presente artigo, é necessário pinçar alguns episódios da experiência jurídica vivida pelo autor durante a sua jornada forense, além de exemplos dados pela doutrina especializada, em especial pela professora Fernanda Tartuce, que com precisão identificou cinco gêneros comuns, de condutas que não devem ser adotadas em uma sessão de conciliação (DE SALLES, 2020, p. 283-307).

De partida é necessário esclarecer que a conciliação não tem a finalidade precípua de enterrar processos a qualquer custo, posto que o objetivo principal deve sempre ser o de estabelecer/reconstruir os canais de comunicação, estimulando e criando uma cultura de paz.

O foco a ser dado pelo conciliador deve girar em torno da questão controvertida à ser solvida, e não em se buscar a imputação de culpados pelo litígio, tendo em vista que após a instalação da espiral do conflito, torna-se totalmente desimportante perquirir e imputar a culpa a um dos litigantes.

É extremamente comum iniciar-se uma sessão de conciliação questionando às partes se elas possuem alguma proposta de acordo. Tal postura pode até ser defensável se quem a fizer for o juiz do processo, tendo em vista que, sob pena de quebrar sua imparcialidade, não pode esforçar-se na obtenção da conciliação, como devem fazer os conciliadores.

Entretanto, essa postura não é a esperada de um conciliador devidamente capacitado a atuar como um facilitador do diálogo, que deve iniciar a sessão lançando mão de técnicas de persuasão cabíveis para estabelecer a comunicação, colaborando para a construção de resoluções possíveis do problema.

Somente após uma abertura expositiva, quebrando a resistência inicial das partes, seria lícito ao conciliador questionar sobre eventual proposta de acordo, sendo certo que, independentemente da resposta, e mesmo sendo ela negativa, deve-se investir na busca de uma solução consensual da controvérsia.

Em virtude da delicadeza do momento é inviável a estipulação de pautas de audiências com a média de 15 minutos entre as sessões de conciliação. O tempo a ser dispensado a cada sessão deve variar entre 30 (trinta) a 45 (quarenta e cinco) minutos, tempo considerado ótimo para a duração da solenidade. Sendo necessária a designação de nova sessão, deve-se sempre observar um intervalo razoável entre elas, de modo a nunca ultrapassar 60 (sessenta) dias, sob pena de se perder o canal de comunicação já estabelecido.

Com efeito, é possível afirmar que destinar o exíguo prazo de 15 (quinze) minutos para a realização de sessões de conciliação, ou ainda, a realização de sessões que duram por horas, certamente não seria o ideal, sendo um postura contraproducente.

Outra postura bastante criticável é a utilização de jargões e expressões populares para enaltecer as desvantagens do processo judicial. Expressões como "de cabeça de juiz e bunda de neném, ninguém sabe o que vem", ou ainda, "tem certeza que prefere aguardar a sentença?" não têm nada de positivo à acrescentar, tendo apenas o condão de gerar entre as partes desconfiança não apenas no Poder Judiciário, mas até mesmo no próprio instituto da conciliação, não contribuindo para a pacificação das relações sociais.

Tal postura desencorajadora e geradora de desconfiança pode ser enquadrada como espécie de constrangimento ou intimidação para que as partes concliem, o que é vedado pelo § 2º do art. 165 do CPC. Ora, a decisão de conciliar deve partir do consenso, de um empoderamento das partes, e não de uma pressão que tem o condão de aterrorizar as pessoas.

É necessário relembrar, sempre que possível, que o consentimento das partes quanto ao teor do acordo precisa ser espontâneo, livre de vícios, devendo sempre ser resguardada pelos conciliadores a liberdade negocial das partes em litígio.

Sob outro vértice, é inadmissível ao conciliador emitir palpites jurídicos desfavoráveis quanto ao desfecho final do processo, por ocasião da sentença, a afirmando que em casos análogos o juízo ou tribunal já decidiu dessa ou daquela maneira. Tal conduta além de reprovável, trata-se de um pré-julgamento que tem o condão de romper a imparcialidade, o que poderia configurar um sério desvio ético.

Demais disso, é bom relembrar que a decisão que atenderá os anseios das partes nem sempre será a decisão mais acertada, do ponto de vista eminentemente jurídico. Dai que se diz que a decisão acordada sempre será melhor do que uma decisão imposta pelo Estado-juiz.

Certa vez este articulista presidia uma audiência no juizado especial criminal, onde o querelado havia imputado ao querelante o furto de algumas cabeças de gado. Visando encerrar a demanda, o querelado fez todas as propostas de acordo inimagináveis, até mesmo reconhecendo a procedência do pedido de indenização que, paralelamente, corria no juízo cível.

Porém, o querelante estava irredutível em não aceitar a proposta de acordo, quando optou-se por realizar uma sessão individual com aquela parte para tentar entender a sua aversão ao acordo, por mais que a proposta fosse interessante do ponto de vista financeiro.

Para surpresa geral, o querelante afirmou que não pretendia receber nenhuma quantia pecuniária, e que ele apenas queria um documento assinado pelo juiz comprovando que ele não havia furtado gado algum. Afirmou o querelante, aos prantos, que seu pai era um velho pecuarista à moda antiga, para quem o crime mais infame que alguém poderia cometer era justamente o abigeato, de modo que quando surgiu a acusação, seu genitor cortou totalmente as relações com o filho.

Havia quatro anos que aquele homem não via seu pai, mesmo morando na mesma cidade, e tudo o que ele queria era um documento para comprovar que ele jamais havia furtado aqueles animais, pois pela idade de seu pai, temia que jamais o pudesse abraçar novamente. Revelada a verdadeira pretensão subjacente àqueles processos judiciais, selou-se o acordo encerrando tanto o processo criminal quanto o cível, e na ata de audiência o querelado confessou que o querelante não havia furtado o gado, sendo que tal circunstância também constou da sentença.

Situações como essa comprovam que em determinadas situações jamais uma sentença imposta por um juiz será capaz de tratar as feridas dos litigantes, que as vezes nem desejam o deferimento do pedido exordial, mas apenas o reconhecimento de uma situação subjacente que acabou eclodindo e gerando o processo.

Demais disso, não se pode admitir que conciliadores se utilizem de intimidações ou ameaças na tentativa de obter o acordo. É comum que no afã de conciliar as partes, em seu esforço o conciliador ultrapasse a tênue linha que separa a persuasão propositiva da pressão e intimidação, o que ensejaria a confecção de um pseudoacordo que, em verdade, não encerraria o conflito de interesses existentes.

Acerca dessa realidade, lembro-me de uma colega juíza que possuía um índice de "conciliação" considerável em uma vara de família, em que havia sido elaborado por ela uma tabela mínima de valores de alimentos, considerando de um lado o valor da remuneração do alimentante, e de outro, a idade do alimentando e etc.

Iniciada a audiência se questionava a remuneração, a idade e quantidade de filhos, e se buscava na referida tabela o percentual mínimo que deveria ser acordado. A partir daí, os argumentos de persuasão passavam apenas a desnecessidade do processo, diante do prognóstico final que seria obtido com a sentença.

Evidentemente os "acordos" decorrentes dessa prática não tratavam de maneira adequada o conflito de interesses, e boa parte desses processos eram revividos através de ações revisionais, pois a avença havia sido firmada com base na intimidação e coação, o que certamente não é uma metodologia adequada para se conduzir uma conciliação.

Ora, o acordo deve ser obtido através do consentimento, sendo livre de vícios que possam o macular, já que a autoridade do Poder Judiciário não pode ser utilizado como instrumento de persuasão. A atuação do conciliador deve enaltecer o Poder Judiciário, devendo conclamar as partes para que elas próprias se sintam responsáveis e efetivamente resolvam seus problemas, cabendo ao conciliador exercer a função de um facilitador imparcial, sem exercer qualquer tipo de pressão ou intimidação.

Por fim, e ilustrando mais um exemplo do que não seria conciliar, recordo-me que durante a graduação em direito, no final da década de noventa, estagiava em um juizado especial em que a sala de audiências era refrigerada em uma temperatura muito fria, e o juiz fumava incessantemente, inclusive durante as audiências.

Raramente as audiências se estendiam, sendo provável que as condições físicas daquele ambiente influenciavam as partes, que visivelmente ficavam incomodadas com as condições ambientais da sala de audiências. Essas condições não eram propositadamente criadas, mas influenciavam as partes a quererem deixar aquele ambiente, o que poderia ensejar que alguns acordos fossem fechados não pelo consenso, mas pelo desconforto gerado durante a solenidade.

Acordos firmados em tais condições provavelmente não estavam de acordo com a liberdade negocial das partes, e em outras condições, poderiam não ser conseguidos.

Vê-se, portanto, que qualquer condução da sessão de conciliação que tangencie com pressões, intimidações, ameaças ou pré-julgamentos, visando forçar o acordo, são práticas indesejáveis, que não respeitam o código de ética, e não possuem o condão de pacificar as relações sociais. No mesmo sentido, são inócuas as abordagens que simplesmente questionam a eventual existência de um acordo ou explorem as desvantagens de se passar pelo procedimento judicial à espera de uma sentença.

Deve-se ter em mente que, muito mais importante do que encerrar processos, o fomento à cultura da paz deve permear e inspirar a atuação do conciliador, para que futuros conflitos de interesses possam ser resolvidos pela sociedade em geral de modo civilizado, através do estabelecimento do diálogo.

CONCLUSÃO

É inegável que a cultura do litígio está arraigada na sociedade brasileira, mas cabe a cada um de nós, juízes, promotores, advogados, estudantes, enfim, todos aqueles que entendem a importância do Poder Judiciário para a nação brasileira, estabelecer e fomentar a disseminação da cultura da paz.

A adoção de práticas autocompositivas em escritórios de advocacia, em órgãos públicos e universidades, a utilização das serventias extrajudiciais como instrumentos da desjudicialização, é uma prática necessária para que o Poder Judiciário cumpra a sua função.

À luz do expedindo, é evidente que o movimento de conciliação não se destina a apenas baixar processos, sendo esse fato uma consequência. A política nacional estabelecida pelo CNJ a partir da resolução nº 125/2010 nitidamente visa construir uma cultura de paz, tanto que estabeleceu a semana nacional de conciliação.

Frise-se, por oportuno, que as conciliações são feitas diariamente em todo o Poder Judiciário, mas estabeleceu-se uma semana nacional com a finalidade de concentrar esforços coordenados em uma determinado lapso temporal, para se conferir visibilidade a um movimento que não cessa na grande maioria dos fóruns brasileiros.

Sendo assim, é lícito concluir que a conciliação não é apenas um instrumento de redução de taxas e cumprimento de metas, mas sim uma onda renovatória que veio para reciclar a práxis forense, empoderando as partes os operadores do direito, para que passem a tentar a utilização de meios autocompositivos sempre, antes de se judicializar um conflito de interesses.

Mas para se atingir tal desiderato é necessário que o conciliador, agindo como um terceiro imparcial que auxilia às partes na solução do litígio, atue segundo os ditames estabelecidos pelo código de ética, se abstendo de fazer uso de pressões, intimidações, ameaças ou pré-julgamentos, visto que são práticas que não trazem pacificação social.

Apenas com a resolução autocompositiva dos conflitos de interesses, através de um acordo propositivo construído de comum acordo pelas partes, é que se fomentará a cultura da paz e se contribuirá, definitivamente, para a pacificação do corpo social.

REFERÊNCIAS BIBLIOGRÁFICAS

BACELLAR, Roberto Portugal; GOMES, Luiz Flavio; BIANCHINI, Alice. Mediaçao e Arbitragem. São Paulo: Saraiva, v. 53, 2012. (Saberes do Direito).

CAHALI, Francisco José. Curso de arbitragem:: Mediação, Conciliação e Tribunal Multiportas. 7. ed. São Paulo: Revista dos Tribunais, f. 200, 2018. 400 p.

CARREIRA ALVIM, José Eduardo. Justiça: acesso e descesso. Revista Jus Navegandi. Teresina, 2003. Disponível em: https://jus.com.br/artigos/4078. Acesso em: 28 jun. 2021.

Conselho Nacional de Justiça. Conciliação será matéria obrigatória nos cursos de direito. Agência CNJ de Notícias. Brasília, ano 2019, 18 fev. 2019.

CONSELHO NACIONAL DE JUSTIÇA. Justiça em Números 2020: ano-base 2019. Brasília: CNJ, 2020.

COSTA MACHADO, Antônio Cláudio da. Código de processo civil interpretado: artigo por artigo, parágrafo por parágrafo. Barueri/SP: Manole, 2006.

DE SALLES, Carlos Alberto. Negociação, mediação, conciliação e arbitragem: curso de métodos adequados de solução de controvérsias. 3. ed. Rio de Janeiro: Forense, 2020.

DINAMARCO, Cândido Rangel. A Reforma do Código de Processo Civil. 2. ed. São Paulo : Malheiros, f. 127, 1995.

DINAMARCO, Cândido Rangel. A reforma do Código de processo civil. 2. ed. São Paulo: Malheiros, 1995.

JUNIOR, Luiz Antonio Scavone. Manual de arbitragem: mediação e conciliação. 8. ed. Rio de Janeiro: Forense, 2018.

PELUSO, Antonio Cezar; DE ALMEIDA RICHA, Morgana. Conciliação e mediação: Estruturação da política judiciária nacional. Rio de Janeiro: Forense, 2011.

SALOMÃO, Luis Felipe ; VIEIRA ROCHA, Caio Cesar. Arbitragem e mediação: a reforma da legislação brasileira. 2. ed. São Paulo: Atlas, 2017.

TARTUTCE, Fernanda. Mediação nos conflitos civis. 4. ed. São Paulo: Forense, 2018.

VASCONCELOS, Carlos Eduardo de. Mediação de conflitos e práticas restaurativas. São Paulo: Método, 2008.

NEGOCIAÇÃO AMBIENTAL E O TERMO DE AJUSTAMENTO DE CONDUTA

Autor:

Herbert Dias Ferreira

INTRODUÇÃO

As transformações pelas quais, constantemente, o mundo passa têm impactado diretamente o meio ambiente e, por consequência, a qualidade de vida das pessoas. Eventos como a mudança climática, ciclones, furacões, emissão de resíduos tóxicos, contaminação do solo, do ar e da água, da biodiversidade; são exemplos de como a intervenção no meio ambiente impacta a qualidade de vida e compromete a própria existências das futuras gerações.

Eventos dessa natureza são universais, porém provocam reações e recebem tratamentos distintos conforme o local de intercorrência, mas impõem a adoção de providências para restabelecimento da ordem ambiental.

Então, atualmente, o grande desafio mundial consiste em compatibilizar o crescimento econômico com a preservação do meio ambiente, permitindo o desenvolvimento de forma sustentável.

Nesse aspecto, a questão ambiental toma relevância e se torna pauta das principais agendas de reuniões mundiais. Mas, ainda há dificuldade em se estabelecer diretrizes de proteção, tendo em vista a diversidade de grupos e interesses que permeiam o tema, e, em especial, os custos que envolvem a matéria.

Vale ressaltar que, no Brasil, impera a cultura da judicialização de demandas e a sensação equivocada de que só Estado, nas esferas política, jurídica e administrativa, consegue deliberar sobre determinadas questões. E isso não se mostra diferente em relação a conflitos ambientais.

Ocorre que, ao longo do tempo, percebeu-se que processos judiciais levam tempo, e uma resposta estatal lenta não se adéqua a necessária e imediata cessação do dano ambiental, que uma vez levado a efeito e reiterado pode resultar na impossibilidade da reparação in natura e prejudicar várias gerações, considerando que o processo de recuperação e regeneração do meio ambiente, em regra, se protrai por longos anos.

Assim, além de uma imprescindível reforma no sistema de justiça e nas políticas públicas, visando otimizar o tempo e a efetividade de atuação, mister a criação de mecanismos e instrumentos para reparar danos e, especialmente, preveni-los.

Esta solução voluntária de conflitos já perpassa por diversas áreas do direito (família, contratual, consumidor, etc.) e atinge até segmentos que antes não comportavam a ideia de consensualização, a exemplo de eventos criminais e de improbidade administrativa. E de igual forma, atinge o direito ambiental, cujas leis e políticas públicas têm se mostrado incapazes de acompanhar as modificações dinâmicas da relação do homem com o meio ambiente, cada vez mais afetado pelos processos que envolvem o desenvolvimento econômico.

Nesse sentido, se apresentam métodos alternativos de resolução de demandas, a exemplo da mediação, conciliação, arbitragem, negociação, que conduzem os envolvidos a, diretamente, discutirem e compreenderem os problemas, com ou sem a intervenção de um terceiro, harmonizando seus interesses à luz da legislação vigente, sem delegação da decisão substitutiva da vontade das partes ao Estado-juiz, o que permite a realização de acordos, superando os entraves de um processo formal, moroso, oneroso e engessado por regras de direito material e procedimental.

Não se pode olvidar, em que pese o Poder Judiciário tenha função jurisdicional e profira decisões em caráter definitivo, por vezes elas podem, em verdade, não encerrar um problema, mas sim agravá-lo. Isso sugere, pois, a adoção de práticas de negociação de demandas que observem metodologias de resolução de conflitos.

O presente trabalho visa, então, traçar um panorama específico da negociação e do termo de ajustamento de conduta e a incidência deles em matéria ambiental, como alternativa a judicialização de questões ambientais que podem receber tratamento rápido e eficaz na esfera extrajudicial.

A negociação será abordada enquanto método de interlocução bilateral ou multilateral, que dispensa a presença de um terceiro imparcial, visando o consenso a partir de um ponto em comum; com a possibilidade de ser empregada para a solução de conflitos mais simples de ordem pessoal e profissional ou abarcar, até mesmo, problemas políticos, institucionais, diplomáticos ou jurídicos.

E em relação ao termo de ajustamento de conduta, previsto na Lei nº 7347/85, pretende-se demonstrar a importância do instrumento, com finalidade de consensualização direta para encerrar discussões e estabelecer responsabilidades ambientais, seja para prevenir danos ou repará-los.

Nesta linha, buscar-se-á traçar a origem e evolução histórica dos institutos e aplicabilidade no direito ambiental nos dias atuais, como forma de solução de conflitos. Outrossim, objetiva-se também evidenciar os aspectos a serem considerados pelos envolvidos em eventual termo de ajustamento de conduta ambiental, a fim de que a negociação tenha respaldo na legislação, observando-se o alcance, limites, resultados possíveis, prazos, condições e forma adimplemento.

Ademais, considerando que os conflitos ambientais são, em regra, complexos e suplantam o dano em si, a análise ainda abrangerá o reflexo coletivo, que abarca questões sociais, econômicas, culturais e impactam na saúde das pessoas.

As técnicas de negociações aplicadas em tratativas que resultem em ajustes de condutas conferem, então, segurança jurídica aos envolvidos na solução de conflitos, além de permitir agilidade judicial para satisfação das obrigações diante de eventual descumprimento das suas cláusulas, já que suprime a fase processual cognitiva, dado o seu caráter de título executivo extrajudicial.

Assim, o trabalho tem por escopo explorar esta alternativa de solução de demandas na área ambiental e as técnicas a serem adotadas durante as tratativas.

MARCO HISTÓRICO DA TUTELA DO MEIO AMBIENTE

Ao longo da história, o homem sempre se utilizou do meio ambiente para o próprio desenvolvimento e subsistência. Ocorre que, com as revoluções industrial e tecnológica, a sociedade foi substancialmente transformada em curto período de tempo, o que alterou também o modo de o homem interagir socialmente e provocou, apesar dos efeitos favoráveis sob diversos aspectos [descoberta de cura para doenças até então não tratáveis, difusão da informação e aumento da expectativa de vida, etc.], implicações negativas ao meio ambiente.

Essas externalidades impuseram uma necessária reflexão acerca dos impactos da atividade humana sobre o meio ambiente. Nesse sentido, "foi necessária à ocorrência de tragédias para que os seres humanos percebessem os resultados de sua criação que incide sobre a natureza e retorna para seus criadores, como um bumerangue jogado ao vento". (COSTA, 2010, p.35).

Nesse contexto, a Conferência das Nações Unidas sobre o Meio Ambiente – CNUMA (Estocolmo, 1972), primeiro evento de ordem global gerido pela ONU - Organização das Nações Unidas - para discussão de questões ambientais, representa um importante marco histórico para a positivação de políticas de tutela do meio ambiente nos ordenamentos jurídicos mundiais.

Originada de uma resolução do Conselho Econômico e Social das Nações Unidas e aprovada pela Assembleia Geral no ano de 1968, elegeu-se a Suécia para sediar, quatro anos depois, o encontro que reuniu representantes de mais de uma centena de países de diversos continentes, legitimando a universalidade do evento.

A proposta consistia em discutir a relação do homem com o meio ambiente e a utilização dos recursos ambientais. E a agenda já abrangia temas que ainda hoje são atuais no mundo, como, alterações climáticas decorrentes da atividade humana, desenvolvimento sustentável, desastres naturais e escassez e poluição da água.

Durante a conferência, que aconteceu entre 5 e 16 de junho de 1972, tendo em vista o curto período para análise das inúmeras propostas de recomendação para ação internacional, optou-se por um rito abreviado para deliberação e não houve prazo adequado para aprofundamento de discussões dos documentos que abrangiam o plano para ação internacional na área do meio ambiente. Este fato, aliado a postura de alguns países, os quais entendiam que certas proposições flertavam com a soberania nacional, acabou por prejudicar a aprovação de algumas medidas.

E conquanto tenham sido aprovadas algumas recomendações sobre melhoria da qualidade ambiental, administração de recursos naturais, poluição em geral e aspectos educacionais de informação, sociais e culturais dos assuntos do meio ambiente, não restou entabulado um acordo formal entre as nações, fato que não reduziu a importância do evento no cenário mundial.

O conceito de desenvolvimento econômico, após a conferência de Estocolmo, passou por uma transformação, agora formulado a partir da ideia de sustentabilidade ambiental e do ecodesenvolvimento, consistente na satisfação das necessidades básica, foco na solidariedade intergeracional; participação da população na política pública ambiental; preservação do meio ambiente e o desenvolvimento de programas educacionais sobre a importância do meio ambiente.

Tornou-se tendência a constitucionalização de regras e princípios ambientais entre os países, fazendo surgir as denominadas "constituições verdes". Nesse sentido, tem-se as constituições da Grécia (1975), Portugal (1976), Espanha (1978) e a do Brasil (1988).

Atualmente, o desafio relaciona-se a efetividade dessa proteção. Isso porque:

> ...em matéria ambiental, o fator temporal, no que tange à manutenção do equilíbrio ecológico, é essencial, pois quanto antes o perigo da ocorrência de dano for afastado, ou o dano ambiental for reparado, a proteção do meio ambiente será mais eficiente e tanto as presentes quanto as futuras gerações estarão melhor resguardadas. (SARTORI, 2011, p. 91).

No caso do Brasil, o tema meio ambiente recebeu especial destaque e tratamento próprio, erigido a categoria de direito fundamental e como extensão do direito à vida.

O DIREITO FUNDAMENTAL AO MEIO AMBIENTE EQUILIBRADO

A Constituição da República Federativa do Brasil de 1988 – CRFB/88, dispõe:

> Art. 225. Todos têm direito ao meio ambiente ecologicamente equilibrado, bem de uso comum do povo e essencial à sadia qualidade de vida, impondo-se ao Poder

Público e à coletividade o dever de defendê-lo e preservá-lo
para as presentes e futuras gerações.

Observa-se do artigo em referência, a adesão do constituinte ao movimento internacional de reconhecimento da importância da tutela do meio ambiente. O dispositivo pode ser analisado sob as óticas da titularidade, natureza do bem jurídico, finalidade e conteúdo.

A leitura da norma permite a conclusão de que se trata de direito de todos. E nesse aspecto, parte da doutrina delimita a amplitude da expressão orientada pelo disposto no art. 5º do documento constitucional, o qual prevê aos brasileiros e estrangeiros residentes no Brasil a titularidade de direitos e garantias fundamentais. (FIORILLO, 2000).

Outrossim, há os que estendem a prerrogativa de exercício do direito ao meio ambiente equilibrado a qualquer pessoa humana, com base no art. 1º, inciso III, da Constituição Federal. Tal posicionamento doutrinário, contudo, recebe críticas, em razão de ofensa ao princípio da soberania, fundamento da república, já que permite a qualquer estrangeiro exercer direitos ambientais no Brasil.

Em relação a natureza jurídica, tem-se que o meio ambiente se trata de bem de uso comum do povo e essencial à sadia qualidade de vida. Tradicionalmente, a propriedade é compreendida pelo direito de usar, fruir, gozar, dispor e reaver o bem[1]. Ocorre que em relação ao meio ambiente a lógica não se aplica. A CRFB/88 suprimiu algumas dessas prerrogativas, inovando o ordenamento ao não contemplar a possibilidade de apropriação privada do bem ambiental, seja pela pessoa física ou jurídica.

---

1   "Art. 1.228 do Código Civil: O proprietário tem a faculdade de usar, gozar e dispor da coisa, e o direito de reavê-la do poder de quem quer que injustamente a possua ou detenha".

Assim, tem-se uma categoria autônoma, dotada de regime jurídico especial, que não se confunde com bem público, tampouco com bem particular. Ostenta, pois, natureza difusa, não suscetível de apropriação, mas sim de gerenciamento.

Com referência a finalidade do bem ambiental, a norma constitucional prevê que ele é essencial a sadia qualidade de vida. Assim, tal característica visa alcançar imediatamente o destinatário do direito, ou seja, o ser humano, e, de modo reflexo, outros valores pinçados pelo legislador constituinte e dos quais depende o homem.

Nessa esteira, o termo essencial deve traduzir elementos básicos e indispensáveis para a vida humana, garantindo a dignidade mínima. E por isso, a interpretação do art. 225 da CRFB/88 deve ser conjugada com o disposto no art. 6º² do mesmo diploma, que prevê um núcleo vital rígido de direitos sociais, os quais não só garantem ao ser humano uma vida sob o aspecto biológico, mas encerram em si valores outros, a exemplo da educação, o trabalho, a moradia, o lazer.

Por fim, no que concerne ao conteúdo e extensão do bem ambiental, a CRFB/88 faz referência a um direito futuro, determinando a preservação inclusive para gerações futuras, mediante a responsabilização por danos, em clara demonstração do princípio da solidariedade intergeracional.

MÉTODOS EXTRAJUDICIAIS DE RESOLUÇÃO DE CONFLITOS AMBIENTAIS

O ser humano é naturalmente um indivíduo social. Talvez por isso Ulpiano afirmou que onde existe o homem há sociedade, e nesta o Direito. E essa

---

2   "Art. 6º. São direitos sociais a educação, a saúde, a alimentação, o trabalho, a moradia, o transporte, o lazer, a segurança, a previdência social, a proteção à maternidade e à infância, a assistência aos desamparados, na forma desta Constituição".

intersubjetividade congrega diferentes pessoas com pretensões heterogêneas, o que, somada a limitação de bens da vida para atender a todos, faz surgir os conflitos individuais e sociais.

Como sói ser, nas democracias cabe a um órgão de Estado dar a resposta para esses conflitos, prestando a jurisdição a quem de direito, tarefa incumbida ao Poder Judiciário. E a nossa imaturidade civilizatória e incapacidade de ouvir e dialogar nos conduz a frequente terceirização da solução dos nossos conflitos a esse órgão oficial, que, por vezes, encerra processos, mas não as demandas. Ocorre que o excesso de judicialização no Brasil acaba por estrangular o sistema judicial, tornando-o incapaz de responder a tempo e modo as pretensões que lhe são submetidas.

E esse turbilhão de processos judiciais, somado a rigidez dos procedimentos, previamente formatados pela lei, a formalidade estrita e a gama de recursos que se traduz em processos infindáveis, impuseram a necessidade de se repensar a forma de solução de conflitos, cedendo espaço aos métodos alternativos para reaproximação das partes, a viabilização do diálogo, a redução de custos, a diminuição da incerteza quanto ao desfecho, e a participação ativa e direta dos interessados na construção do resultado, em um verdadeiro processo de cooperação, sendo os próprios envolvidos os responsáveis pelo deslinde da situação.

Surge então, um sistema de múltiplas portas, com alternativas à judicialização, a exemplo da conciliação, mediação, arbitragem e negociação, a serem utilizados conforme a natureza de cada conflito, sempre com foco na resolução efetiva dos problemas oriundos das relações sociais.

Nesse sentido, a escolha do método mais adequado deve considerar as peculiaridades do caso concreto, tal qual o custo financeiro, celeridade, manutenção de relacionamentos, flexibilidade procedimental, exequibilidade da solução, adimplemento espontâneo do resultado, etc.. (AZEVEDO, 2004).

Esses instrumentos têm sido utilizados com eficácia para solução de problemas nas áreas do direito de família, previdenciário, consumidor, vizinhança, para tratamento de demandas oriundas de acidentes de trânsito e tantas outras em que os interessados têm amplo domínio para disposição de direitos.

E esses institutos também alcançam direitos transindividuais, como o meio ambiente, notadamente, porque a judicialização dessa matéria implica nos mesmos óbices anteriormente expostos, com a agravante de que, em se tratando de bem ambiental, uma resposta tardia pode resultar na irreversibilidade do dano ou dificultar o seu retorno ao estado inicial, já que o processo regenerativo da natureza, em regra, demora muitos anos.

Nesse sentido, a Resolução nº 125/2010 do Conselho Nacional de Justiça reconheceu a necessidade de que a conciliação e a mediação fossem tratadas pelos Estados em seus tribunais de Justiça, com escopo na cultura de paz, mesmo em conflitos já instalados no Poder Judiciário (processuais e pré-processuais).

A conciliação está ligada a ideia de conduta das partes para o entendimento, empreendendo esforços para a solução de litígios, auxiliados por um terceiro, que atua como conciliador pautado pela imparcialidade, ao qual compete o gerenciamento da situação para a melhor solução entre os litigantes. Vale ressaltar que atividade do conciliador é importante, mas não cabe a ele impor uma decisão aos envolvidos, embora possa realizar sugestões. O papel dele consiste em facilitar o diálogo entre as partes, expondo de forma reflexiva a questão objeto de disputa e a postura dos participantes diante dela, a fim de que eles mesmos construam a decisão que acharem mais adequada.

Portanto, verifica-se não haver impedimento para a aplicação do instituto também na seara ambiental, na busca pela prevenção de novos ilícitos e recomposição de danos já ocasionados, observando-se os mesmos princípios e vedações aplicáveis às demandas individuais e as limitações de autocomposição decorrentes de um bem difuso.

Por sua vez, a mediação assemelha-se a conciliação, quanto a postura das partes e a presença de um terceiro. Todavia, aqui, o mediador deve adotar postura menos ativa que o conciliador, de modo que não decide nem sugere, mas promove um processo de reflexão das partes para que elas tenham a melhor compreensão do conflito e, a partir desse entendimento, avaliem alternativas de solução em ações cooperativas.

Outra diferença pode ser extraída do Código de Processo Civil – CPC. Assim dispõe referido estatuto:

> *Art. 165. Os tribunais criarão centros judiciários de solução consensual de conflitos, responsáveis pela realização de sessões e audiências de conciliação e mediação e pelo desenvolvimento de programas destinados a auxiliar, orientar e estimular a autocomposição.*
>
> *(...)*
>
> *§ 2° O conciliador, que atuará preferencialmente nos casos em que não houver vínculo anterior entre as partes, poderá sugerir soluções para o litígio, sendo vedada a utilização de qualquer tipo de constrangimento ou intimidação para que as partes conciliem.*
>
> *§ 3° O mediador, que atuará preferencialmente nos casos em que houver vínculo anterior entre as partes, auxiliará aos interessados a compreender as questões e os interesses em conflito, de modo que eles possam, pelo restabelecimento da comunicação, identificar, por si próprios, soluções consensuais que gerem benefícios mútuos. (destaques nossos)*

Desta forma, verifica-se que a conciliação se reserva aos casos em que os envolvidos não mantinham relacionamento prévio, o qual surgiu por algum fato da vida ou relação contratual. Nessa hipótese, é possível até mesmo o consenso em uma única reunião. Já a mediação é indicada para situações em que os envolvidos possuem relacionamento prévio e possivelmente manterão algum vínculo, de forma que caberá ao mediador trabalhar para preservar os envolvidos no conflito e esta relação entre eles. E a despeito da indisponibilidade e os limites da autocomposição ambiental, a mediação pode também ser aplicada para solução de disputas dessa natureza.

Em relação a arbitragem, encontra-se regulamentada pela Lei nº 9.307/96 e consiste em forma de extrajudicial de solução de conflitos, por meio da intervenção de terceiro, ao qual se outorgam poderes para deliberar sobre determinada matéria, sem intervenção estatal, e cuja decisão possui caráter de título executivo judicial, segundo artigo 515, inciso VII do CPC[3].

Embora esse mecanismo seja utilizado no plano internacional para dirimir conflitos de natureza ambiental entre estados soberanos, em razão de previsão em alguns documentos, a exemplo da Convenção de Viena e o Protocolo de Montreal para a proteção da camada de Ozônio, certo é que na legislação pátria a Lei nº 9.307/96 restringe a utilização da arbitragem a direitos patrimoniais disponíveis, o que impossibilita o seu emprego para a tutela do bem ambiental, direito difuso e de natureza indisponível.

Já sobre a negociação, vale ressaltar que pode ser empregada como técnica para se alcançar um acordo nas mais diversas áreas. A vida em sociedade e as relações intersubjetivas nos remetem constantemente a ela, seja no campo profissional, comercial, política, diplomática, gerencial, amorosa e etc.. O instituto se difere da conciliação e da mediação na medida em que dispensa a presença de um terceiro imparcial para condução das tratativas. Ou seja, os interessados podem diretamente lançar mão das suas técnicas e argumentos durante o diálogo.

Necessário porém, conforme lecionam Moraes e Corrêa de Moraes (2012), essa atividade observar alguns princípios: i) igualdade e diferença; ii) confiança; iii) equilíbrio; iv) não resistência; v) vinculação ao atendimento do interesse.

---

3   "Art. 515. São títulos executivos judiciais, cujo cumprimento dar-se-á de acordo com os artigos previstos neste Título: (...) VII - a sentença arbitral".

A doutrina, majoritariamente, tem incentivado a adoção de mecanismos extrajudiciais para a solução de conflitos ambientais, atentando-se para algumas particularidades relacionadas à essência desses direitos, não existindo óbice ao emprego de princípios e técnicas de negociação na área ambiental, desde que não haja a disposição de direitos, tendo em vista, como já anteriormente afirmado, a indisponibilidade deste bem.

NEGOCIAÇÃO: ESPÉCIES E INCIDÊNCIA PARA SOLUÇÃO DE DEMANDAS

Com a percepção de que a consensualização estimula a solução de conflitos de modo a preservar os interesses dos envolvidos, superando a tradicional dicotomia das figuras do vencedor e vencido, a negociação também conquistou espaço na área jurídica, incorporada para entabulação de acordos e auxiliar na satisfação do escopo social de justiça.

Dessa forma, pode-se afirmar que a negociação se trata de "uma comunicação bidirecional concebida para chegar a um acordo, quando você e o outro lado têm alguns interesses em comum e outros opostos". (FISHER; URY; PATTON, 2005, p.15).

Portanto, o negociador é naturalmente parcial e o seu objetivo é atingir o resultado desejado, mediante concessões mínimas. Para tanto, deve possuir controle emocional, conhecimento do objeto e das técnicas de negociação.

E deve ter claro duas premissas que permitirão o êxito, quais sejam, i) separar as pessoas dos problemas; e ii) negociar por interesses e não por posições.

Conquanto em algumas situações o problema se confunda com a própria pessoa, o negociador deve ser capaz distinguir o conflito das pessoas nele inserido, evitando o uso de argumentos ou ofensas de índole pessoal, que somente inviabilizam o diálogo e retiram o foco do essencial. Outrossim, deve o negociador evitar a denominada barganha posicional, cabendo a ele concentrar esforços para compreender os verdadeiros interesses da outra parte e os motivos que a fazem se portar de determinado modo diante do problema. Isto é, a real vontade por trás daquilo que se declara. Negociação não é um debate. Importante, então, a escuta ativa. É indispensável ao negociador ouvir o que o outro tem a falar, já que a sua estratégia de atuação decorrerá, em grande medida, da informação obtida.

A doutrina, em regra, elenca dois principais modelos de negociação: distributivas e integrativas. Na negociação distributiva os envolvidos focam no bem que desejam obter, utilizando técnicas para auferirem mais vantagens às expensas um do outro. Por isso é chamada de "ganha-perde", já que se verifica um desequilíbrio entre as partes e um dos lados consegue extrair maior proveito.

Já na negociação integrativa, há uma cooperação entre os interessados visando a maximização dos benefícios para todos. Trata-se de um jogo de "ganha-ganha", pois não há concentração de vantagens em um único lado, e isso permite a satisfação das partes sem que se sintam lesadas, ainda que realizem concessões.

Diversamente da negociação distributiva que, em regra, envolve apenas uma questão, na integrativa todas as pretensões são consideradas. E isso viabiliza o consenso, porque uma vez identificados os interesses principais tornam-se possíveis as concessões em relação a questões divergentes e não centrais.

Segundo Gavronski (2015), vários autores sustentam a impossibilidade de autocomposição por negociação nos conflitos sobre bens coletivos em sentido amplo. Porém, tal entendimento parte da premissa equivocada de que a negociação resulta na disposição do direito, já que estaria sustentada nos pilares da transação, prevista no artigo 840 e seguintes do Código Civil.

Para esse autor, a negociação em relação a direitos transindividuais não admite disposições sobre o conteúdo do direito. Mas, as tratativas realizadas nessa esfera conferem margem para discussões e acordos, por exemplo, sobre as condições de modo, prazo e datas para cumprimento de obrigações, o que não se confunde com renúncia a proteção do direito.

A negociação, portanto, consiste no emprego de técnicas para alcançar o objetivo desejado. E em se tratando de bens difusos e indisponíveis, tal como o meio ambiente, embora não seja possível transigir sobre o bem jurídico tutelado, existe margem para concessões, observados os limites constitucionais e legais.

TERMO DE AJUSTAMENTO DE CONDUTA – TAC AMBIENTAL

A administração pública dos anos 90 era marcada por críticas quanto ao modelo burocrata, inefetivo e rígido. Talvez esses fatores tenham contribuído para as inúmeras reformas econômicas, políticas e de justiça, levadas a efeito naquela época. E foi a nova ordem constitucional inaugurada em 1988 que deu os contornos para mudanças, especialmente ao reconhecer a importância da tutela de direitos transindividuais, incorporando as diretrizes da Lei de Ação Civil Pública de 1985, e criou um capítulo específico para dispor sobre o meio ambiente.

Esse processo de transformação fez surgir o Termo de Ajustamento de Conduta – TAC. Inicialmente criado pelo art. 211 da Lei nº 8.069/90 e, posteriormente, previsto na Lei nº 7.347/85.

No Brasil, embora não houvesse à época a tradição sobre negociação de conflitos ambientais, a legislação passou a contemplar o TAC como mecanismo não adversarial para encerramento de demandas que abarcavam direitos transindividuais, dentre os quais, o meio ambiente. E, atualmente, o instituto é um dos principais instrumentos extrajudiciais para tratamento de conflitos dessa natureza.

Está assim previsto na Lei de Ação Civil Pública:

Art. 5o (...)

§ 6° Os órgãos públicos legitimados poderão tomar dos interessados compromisso de ajustamento de sua conduta às exigências legais, mediante cominações, que terá eficácia de título executivo extrajudicial.

Observa-se que a legitimidade para firmar ajustes é restrita aos órgãos públicos, ainda que sem personalidade jurídica, que, uma vez constatada a ocorrência de dano ou a sua iminência, pactuam a reparação, remoção e a cessação da conduta ilícita com o responsável. Nesse ponto, vale salientar, sobre os comprometentes, que o Ministério Público é legitimado universal para firmar TACs, ao passo que os demais entes devem observar a pertinência temática de atuação. Ou seja, somente os órgãos públicos cuja vocação relaciona-se a tutela ambiental podem entabular compromissos com essa finalidade.

De outro lado, o responsável pela obrigação ambiental pode ser pessoa física ou jurídica, de direito público ou privado, bastando a verificação da conduta ilícita e o nexo causal.

Quanto a natureza jurídica do instituto, não há consenso. Para parcela da doutrina, trata-se de modalidade de transação, efetivado por meio de concessões recíprocas visando o fim do litígio. Ocorre que transação é instituto de direito civil, cuja estrutura é substancialmente individualista. Nesse sentido, incompatível com os direitos coletivos em sentido amplo, especialmente, porque o legitimado a firmar TAC não é titular exclusivo do direito, que é transindividual e indisponível.

Noutro giro, há os que lecionam ser o TAC um ato unilateral que corresponde ao reconhecimento jurídico do pedido, posto que o violador da norma ou ameaçador de direitos metaindividuais reconhece, implicitamente, que sua conduta está em desacordo com o ordenamento jurídico e assume o compromisso de adequá-la. Para os que assim advogam, a bilateralidade do termo somente é verificada na formalização do ajuste, uma vez que a lei exige a presença de um órgão público compromitente. Contudo, a crítica feita é que o reconhecimento da responsabilidade não é requisito indispensável para a celebração do ajuste e a participação de algum legitimado previsto na Lei de Ação Civil Pública não é mera formalidade, pois decorre do próprio exercício da atividade de tutela dos bens difusos e coletivos.

Por fim, há uma terceira corrente que sustenta se tratar de um negócio jurídico bilateral, resultado da formação de vontade dos envolvidos, que adéqua o padrão de conduta ao que está previamente estabelecido pela lei, visando a proteção social. Para essa vertente, não é possível um autoajuste do interessado ou do ente público consigo mesmo. A dualidade do negócio demanda a presença do órgão público. Outrossim, tampouco é permitido haver disposições acerca do conteúdo do direito em si, em razão da indisponibilidade. Nesses casos, a margem para pactuação reside tão somente nas obrigações acessórias.

Apesar da controvérsia, não há dúvidas quanto a importância do TAC para o tratamento de conflitos ambientais, sendo um dos mais importantes instrumentos de tutela do meio ambiente, que permite agilidade de atuação aos órgãos oficiais.

E tal como já mencionado, possui natureza repressiva e preventiva, de modo que na seara ambiental pode ser celebrado antes da ocorrência do dano, a fim de evitá-lo, ou após a consumação, viabilizando a recomposição do bem ou, na impossibilidade, a adoção de medidas compensatórias.

O Superior Tribunal de Justiça e os tribunais pátrios já enfrentaram a temática, e têm entendido que, conquanto eficaz, o TAC não se apresenta como condição da ação civil pública, uma vez que a lei o atribui aos legitimados como uma faculdade e não um dever, conforme se extrai do disposto no artigo 5º, § 6º, da Lei nº 7347/85[4].

---

4   REsp 895.443/RJ e REsp 596.764/MG.

Essa posição contudo, deve ser interpretada a luz do Código de Processo Civil, que dispõe no art. 3º, §3º, sobre a postura colaborativa a ser adotada pelas partes, em clara homenagem a solução consensual de conflitos.

E o TAC é expressão dessa diretriz do diploma processual. O congestionamento do Poder Judiciário implica diretamente no tempo em que as decisões são proferidas, e tem ultrapassado qualquer interpretação, por mais elástica que ela seja, acerca da duração razoável do processo. Os prazos e formalismos têm ocasionado longos processos judiciais e administrativos e representam, inequivocamente, óbice a efetiva tutela do meio ambiente.

Em se tratando de defesa do bem ambiental, a rápida atuação é ideia fundamental, notadamente em razão do alto potencial do dano ser irreparável e irreversível. Estamos a tratar aqui de extinção de espécies, efeitos de irradiação que atingem seres humanos e causam doenças e mortes, destruição de florestas milenares que abrigam ecossistemas diferentes, essenciais para equilíbrio da natureza, etc.. Por isso a importância dos ajustes de condutas.

E ainda que não se tenha a garantia de cumprimento das cláusulas, certo é que o inadimplemento delas ainda tem no fator tempo um aliado, já que, submetido ao Poder Judiciário para satisfação do ajuste celebrado, não admite discussões referentes a fase de conhecimento, porque o TAC constitui título executivo extrajudicial, a teor do disposto no artigo 5º, §6º, da Lei 7347/85, o que confere mais agilidade no processo.

Assim, o TAC ambiental se apresenta como alternativa eficaz para a proteção do meio ambiente, que permite a prevenção e a pronta adoção de medidas para recuperação, e, por consequência, a mitigação do risco de irreversibilidade dano.

OBJETO, ALCANCE E EFETIVIDADE DA NEGOCIAÇÃO

Conforme se verifica da Lei nº 7347/85, há previsão do TAC para a proteção do bem jurídico-ambiental, todavia o texto normativo não especifica o alcance e os limites da negociação para materialização do ajuste.

Em verdade, trata-se de lacuna técnica intencionalmente não preenchida pelo legislador, com o fim de permitir ao órgão público legitimado firmar o negócio jurídico considerando as peculiaridades do caso concreto e a realidade fática. E exigir-se complemento legislativo para minudenciar o procedimento a ser adotado em TAC acabaria por aproximá-lo de outros institutos, tão criticados pela formalidade, morosidade, rigidez.

Isso não quer dizer que há ampla discricionariedade para a negociação. Não é possível, mesmo que por consenso, a renúncia ao direito e a dispensa do infrator da norma da reparação do dano. Apesar da possibilidade da quantificação econômica do prejuízo ao meio ambiente, este não perde o seu caráter de direito fundamental, indisponível e essencial ao ser humano.

Cabe aos legitimados, segundo o ordenamento jurídico, identificar o bem jurídico-ambiental vulnerado e o modo mais adequado de recompô-lo, sempre pautado pelas regras técnicas, de forma clara e coerente, evitando-se subjetivismos nas exigências. E uma vez diante de múltiplas alternativas, deve fazer escolha pela mais vantajosa para o interesse público.

A indisponibilidade, então, representa óbice a negociação quanto ao conteúdo do direito, mas permite pactuações sobre a forma de reparação. Afinal, fosse absoluta a impossibilidade de negociação, o instituto não teria efeito prático, já que não haveria nenhuma vantagem para o potencial compromissário firmar o termo de ajuste.

Assim, a negociação em si recai sobre obrigações acessórias, a exemplo do prazo para adequação ou reparação do dano, o modo e lugar do cumprimento da obrigação assumida, para as hipóteses de impossibilidade de restauração in natura do dano, bem como os tipos de cominações para eventual inadimplemento.

Já em relação ao conteúdo indisponível, parte da doutrina entende que o ajuste deve abarcar, sob pena não validade: i) a necessidade da integral reparação do dano; ii) a indispensabilidade de cabal esclarecimento dos fatos, de modo a ser possível a identificação das obrigações a serem estipuladas, já que desfrutará de eficácia de título executivo extrajudicial; iii) a obrigatoriedade da estipulação de cominações para a hipótese de inadimplemento; e iv) a anuência do Ministério Público, quando não seja autor. (FIORILLO, 2013).

Inegável também que a judicialização de demandas ambientais implica custos para todos os envolvidos. O processo judicial envolve pagamento de taxas, emolumentos, honorários, sucumbência, a realização de diligências, além de perícias que, não raras vezes, são onerosas. E sobrevindo decisão que impõe obrigação de reparar o dano o seu descumprimento atrai a fase onerosa de expropriação de bens de devedor.

De mais a mais, o TAC ambiental, além de solucionar o conflito da forma mais rápida e menos custosa, permite a previsibilidade da reparação a partir da construção conjunta acerca do modo de desincumbência da obrigação, o que não se verifica num processo judicial.

Outrossim, isso possibilita ao responsável pela reparação do dano ao meio ambiente moldar-se financeira e logisticamente para iniciar o que restar ajustado, ao passo que também traz à sociedade maior juízo de certeza quanto ao cumprimento da obrigação, já que voluntariamente assumida.

CONSIDERAÇÕES FINAIS

A preocupação do homem com o meio ambiente ocorre já há muito tempo, o que viabilizou a criação de políticas públicas e normas que tutelam esse bem jurídico. Ocorre que mesmo com a adoção de posturas mais rígidas, a relação entre desenvolvimento econômico e bem ambiental ainda é dependente de constante harmonização, a fim de que não haja prejuízo para esta e para as próximas gerações.

Esse objetivo, todavia, confronta diferentes interesses, colocando sempre em tensão o binômio desenvolvimento e proteção do meio ambiente. E uma das consequências desse conflito é a judicialização de demandas.

O litígio faz parte da cultura nacional brasileira. Somos todos litigantes em potencial, o que não significa, por si só, que isso seja uma característica negativa. É a partir dos conflitos e das diferentes visões que a sociedade se transforma, reconhece e positiva direitos até então não catalogados. E esse processo perpassa pelo Poder Judiciário, que tem a importante função de dizer o direito.

Mas é certo também que o excesso do litígio afeta o trabalho do estado-juiz e a própria qualidade da prestação jurisdicional. E se a atividade judicial está severamente comprometida diante no número de demandas, isso decorre de uma outra característica, a saber, a nossa incapacidade de ouvir e dialogar.

Ou seja, a inaptidão da escuta ativa reflete na terceirização da responsabilidade para decidir nossos conflitos. Dos singelos aos mais complexos. É certo, como visto, que a legislação traça limites para a autocomposição em determinadas matérias, mas nem isso impossibilita a negociação das demandas, até mesmo na seara ambiental, essencialmente indisponível, o que dispensaria, em linha de princípio, o acionamento da máquina estatal do Poder Judiciário.

As estruturas de incentivos e as ferramentas jurídicas existentes para tratamento de conflitos são o que pautam a atuação das pessoas. E se verifica que no ordenamento pátrio há diversas alternativas a judicialização (conciliação, mediação, arbitragem, negociação), sendo certo que devemos fortalecer a cultura de paz e a utilização desses instrumentos.

Parece ser esse o caminho para avançarmos nas relações pessoais e processuais. Aliás, é o que se tem visto na seara ambiental, onde o TAC tem sido empregado na busca do consenso, como forma de reparar danos, e, principal e eficazmente, evitando-os, em nítido movimento de solução extrajudicial de conflitos, fortalecimento das instituições e proteção de tão importante bem jurídico.

Ademais, a utilização desses instrumentos acaba por fortalecer também o próprio sistema de justiça, ao qual deve se reservar somente as demandas mais complexas ou aquelas nas quais os métodos alternativos, embora aplicados, não encerrarem os conflitos.

REFERÊNCIAS BIBLIOGRÁFICAS

AKAOUI, Fernando Reverendo. Compromisso de Ajustamento de Conduta Ambiental. São Paulo: Ed. RT, 2003.

AZEVEDO, André Gomma (org.). Estudos em arbitragem, mediação e negociação. Brasília: Grupos de Pesquisa, 2004. v. 3.

COSTA. Beatriz Souza. Meio Ambiente como Direito à Vida: Brasil, Portugal, Espanha. Belo Horizonte, 2010.

FIORILLO, Celso Antonio Pacheco. Curso de direito ambiental brasileiro.14ª ed. rev., ampl. e atual. em face da Rio + 20 e do novo Código Florestal. Ed. Saraiva, São Paulo, 2013.

FIORILLO, Celso Antonio Pacheco. O direito de antena em face do direito ambiental no Brasil, São Paulo, Saraiva, 2000.

FISHER, Roger; URY, William; PATTON, Bruce. Como chegar ao sim: negociação de acordos sem concessões. Tradução Vera Ribeiro e Ana Luiza Borges. 2° Ed. revisada e ampliada – Rio de Janeiro: Imago Ed., 2005.

GAVRONSKI, Alexandre Amaral. Autocomposição na ação civil pública. In: MILARÉ, Edis (coord.). Ação Civil Pública após 30 anos. Coord. Edis Milaré. Ed. RT. São Paulo: 2015.

JUNIOR, Hermes Zaneti. GARCIA, Leonardo de Medeiros. Direitos Difusos e Coletivos. 2ª edição. Editora Juspodivm, 2011.

KLUNK, Luiza. A complexidade dos conflitos socioambientais e a mediação como alternativa de resolução democrática. mbito Jurídico In: http://ambito-juridico.com.br/site/?n_link=revista_artigos_leitura&artigo_id=14639&revista_caderno=5. Acesso em 14.6.21.

MAZZILI, Hugo Nigro. Notas sobre o inquérito civil e o compromisso de ajustamento de conduta. In: MILARÉ, Édis (Coord.). Ação civil pública após 25 anos. São Paulo: Revista dos Tribunais, 2010.

MORAES, Paulo Valério Dal Pai; CORRÊA DE MORAES, Márcia Amaral. A negociação ética para agentes públicos e advogados. Belo Horizonte: Fórum, 2012.

OLIVEIRA, Fabiano Melo Gonçalves. Manual de Direito Ambiental. Editora Método, São Paulo, 2014.

RODRIGUES, Geisa de Assis. Ação civil pública e termo de ajustamento de conduta: Teoria e Prática. 3. ed., rev., atual. e ampl.. Rio de Janeiro: Forense, 2011.

SARTORI, Maria Betânia Medeiros. A mediação e a arbitragem na Resolução dos Conflitos Ambientais. In: Direitos Culturais. Santo Angelo, v. 6, n. 10, jan.-jun., 2011.

ZAPAROLLI, Célia Regina. Procurando entender as partes nos meios de resolução pacífica de conflitos, prevenção e gestão de crises. In: Negociação, Mediação e Arbitragem. Curso Básico Para Programas de Graduação em Direito. São Paulo: Método, 2012.

BEST ALTERNATIVE TO A NEGOTIATED AGREEMENT – BATNA: QUANDO NÃO NEGOCIAR É O MELHOR NEGÓCIO

Autor:

Rafael Gomes De Araújo

INTRODUÇÃO

O presente artigo apresentará, através do método de revisão bibliográfica, a best alternative to a negotiated agreement - BATNA, que explicita a melhor alternativa em caso de não acordo, e as técnicas a serem adotadas para lograr êxito no objetivo almejado, conforme discorrem William Ury e Roger Fisher.

Antes, porém, serão articuladas as disposições sobre negociação e suas técnicas gerais mais a zone of possible agreement - ZOPA e a ancoragem, estas últimas oriundas do Método Harvard de Negociação e Administração de Conflitos.

A negociação é tida como o processo que procura a convergência de posições e interesses para prática do resultado que melhor atenda às necessidades dos negociantes, chancelando a consciência de engajamento dos participantes e que, ao final, dê lastro à conclusão de que o melhor resultado útil foi alcançado.

Imbuídos dessa percepção, analisaremos as técnicas adotadas nas fases da negociação, com atenção ao planejamento (plan + do + check + act), que deve prever a best alternative to a negotiated agreement; à execução, que poderá aplicar a BATNA; e ao controle, por compreender a comparação do que foi acordado com o que vem sendo feito.

Ademais, ainda nesse diapasão, será explicitada a fórmula de sucesso em negociação apresentada por Herb Cohen, evidenciando os preceitos de poder, tempo e informação, elementos essenciais para perceber o momento que negociar não é o melhor negócio.

As ideias supramencionados proporcionam ao negociador conhecer a área de barganha, tida como a zone of possible agreement - ZOPA, perímetro que possibilita ao acordo atender os interesses recíprocos, sendo passível de validação com os interessados construindo um ambiente favorável contendo benefícios mútuos, pois, caso contrário, não será possível perfazer a essa possibilidade em razão do distanciamento de objetivos. Destaca-se, nesse sentido, que é importante aferir a existência do perímetro de possível acordo para construção da BATNA, uma vez que revelará a possibilidade de não acordo ser um bom negócio.

Noutro sentido, será observada a ancoragem, medida compreendida como a associação de efeito objetivando a comparação entre duas ou mais medidas, sendo estabelecidas condições similares e vantagens divergentes com o escopo de interferir no processo de negociação, induzindo na percepção de custo-benefício e na efetividade prática da BATNA.

Vencidas tais noções, deambularemos sobre a edição da BATNA e as técnicas necessárias para tomada de decisões inteligentes, as quais decorrem do conhecimento de todas as faculdades existentes que ensejam ao negociador uma posição mais firme e confiante na concretude do resultado útil.

A importância de melhoria da BATNA será abordada em razão de explicitar as melhores possibilidades negociais, respeitando o Método de

Harvard de negociação, nutrindo uma tática robusta para o cumprimento do fim objetivado. Ainda nesse contexto, será exposta a lógica da ausência de demonstração da BATNA ou, se conhecida, não penetrar em nuances, como fator de gestão estratégica, observando essa medida não implica em assimetria de informação.

Ao final, será colacionada exemplificação de caso denotando quando não negociar é o melhor negócio e o efeito prático gerado com essa posição, assegurando a efetividade da BATNA na administração de conflito ou em uma negociação.

A NEGOCIAÇÃO

Para que seja possível compreender as substâncias que cercam as melhores alternativas em casos de não acordos, será traçado o que compreende a literatura sobre a negociação.

Para Ury et al. (2005, p. 50) "negociação é um processo de comunicação bilateral com o objetivo de se chegar a uma decisão conjunta". Nesse cenário, é apresentada a bilateralidade e a comunicação como instrumentos que ensejam a conclusão de um propósito, merecendo destaque por denotar a importância e a pluralidade de envolvidos e o processo decisório compartilhado.

A conceituação acima, embora não mencionando de forma explícita, indica que a vontade dos interessados será o resultado útil que ora se denomina de negociação. Não obstante a essa consideração, para Cohen (1980, p.14) a "negociação é o uso da informação e do poder com o fim de influenciar o comportamento dentro de uma 'rede de tensão'", isto é, negociação também é uma forma de influenciar dentro de um cenário, trazendo o critério da comunicação e acrescente o fator 'poder'.

As literaturas articuladas conversam sobre fatores essenciais – comunicação e poder -, porém não deixam de explicitar as posições, os interesses, a objetividade e a cooperação de forma mais abrangente. Compreendendo uma percepção dilatada a esse respeito, Lewicki et al. (1999, p. IX) aduz que "negociação é um processo em que tentamos influenciar outros para que nos ajudem a alcançarmos nossas necessidades enquanto, ao mesmo tempo, levamos as necessidades deles em conta".

Há, sob um olhar mais atento, um incremento do fator intrínseco (própria necessidade – posição e interesses – e poder – influenciar) e cooperação mútua para o fim comum (considerar as necessidades dos envolvidos), mesmo assim carece de exposição explícita sobre a finalidade da negociação.

Por este fator, tem-se que, conforme indica Carvalhal (2012, p. 68), a definição de Berlew é aquela apresenta melhor expressa o que é negociação, visto que a considera que "um processo em que duas ou mais partes, com interesses comuns e antagônicos, se reúnem para confrontar e discutir propostas explícitas (comunicação) com o objetivo de alcançar um acordo".

Desse modo, sopesando a literatura sobre o tema, pode-se afirmar que negociação é tida como o processo que procura a convergência de posições e interesses para prática do resultado que melhor atenda às necessidades dos negociantes, chancelando a consciência de engajamento dos participantes e que, ao final, dê lastro à conclusão de que o melhor resultado útil foi alcançado.

As técnicas de negociação

Considerando os preceitos ditos no capítulo anterior sobre negociação, serão discorridas, objetivamente, as técnicas que tocam a questão e possibilitam a concretude da relação mantida para um propósito comum, qual seja o ajuste entre os envolvidos.

Nesse diapasão, será necessário traçar o grau de complementariedade, os interesses e a técnica a ser utilizada, elementos amealhados por Carvalhal (2014, p. 24) como essenciais ao apresentar a definição que, ao seu sentir, melhor explicita negociação.

Se o grau de complementariedade for baixo, gerando interesses antagônicos, a técnica a ser adotada é a conciliação ou mediação, uma vez que há distância do atendimento comum. Se o grau de complementariedade for intermediário, apresentando interesses comuns e antagônicos, a técnica a ser adotada é a negociação, visto que será necessário alcançar acordo através da discussão explícita. E se o grau de complementariedade for elevado, ocasionando interesses comuns, a técnica a ser adotada será a análise de problemas, oportunidades e tomada de decisão.

Ainda nesse sentido, os interesses comuns são a base para que haja consensualidade e gere ações colaborativas, afastando assimetria de informações e ocasionando a confiança entre os envolvidos. Os interesses comuns e antagônicos geram a proximidade, por guardar relação entre os envolvidos, instigando por discutir as diferenças, haja vista que há ponto comum e norteador. E, por fim, no caso de interesses antagônicos, em razão da distância de propósitos, será o caso de contar com conciliadores ou mediadores para busca do ponto de convergência entre os envolvidos.

Portanto, a técnica a ser adotada está diretamente ligada ao grau de complementariedade - se é muito, pouco ou nada – e aos interesses – comuns, comuns e antagônicos e antagônicos.

AS FASES DE NEGOCIAÇÃO

A negociação, da mais complexa a mais simples, apresenta diversas fases que são importantes ao resultado útil almejado, as quais estão dentro das principais elas: planejamento (plan + do + check + act), execução e controle.

Sobre esse tema, Carvalhal (2014, p. 23-26) indica que:

> O planejamento proporciona ao negociador uma visão mais clara do cenário que poderá encontrar; contribui, também, para reduzir o grau de ansiedade e insegurança geradas por situações novas. No planejamento o negociador procurará antever a execução, pois é esperado que ocorra um deslocamento das posições antagônicas para áreas em que o acordo seja possível. O planejamento funciona como um

laboratório de hipóteses sobre como estimular as concessões e como resistir às tentativas de persuasão da outra parte na execução. A preparação, nas negociações de complexidade maior, pode ser enriquecida por meio de simulações nas quais alguém da equipe fará o papel do "advogado do diabo", levantando as objeções e as resistências que poderão ocorrer. A execução, melhor percebida pela sua segmentação em estágios – preliminar, abertura, exploração e encerramento –, possibilita ao negociador canalizar energias relacionais e substantivas de intensidade e natureza adequadas em cada momento. Por exemplo, no estágio preliminar normalmente há uma predominância da ocupação do tempo com questões de relacionamento, enquanto na abertura argumentos e propostas factuais predominam. Com essa segmentação, a identificação e a organização das possíveis ações táticas permitem facilitar o reconhecimento das divergências a fim de buscar convergências, limitando desgastes desnecessários decorrentes de contra-argumentações em círculos feitas de maneira caótica. O controle deve ser feito de forma sistemática, tanto das condições do que foi acordado, o que ajuda a construir os alicerces da credibilidade por meio do acompanhamento da implementação, quanto na avaliação dos comportamentos dos negociadores, que, quando feita de forma analítica, consolida a melhoria individual graças ao aprendizado obtido pela reflexão após cada interação. (Sublinhei).

Imbuídos da indicação do autor epigrafado, o planejamento é a fase de estabelecimento de diretrizes e das considerações sobre a *best alternative to a negotiated agreement*, instituto sob análise. Já a execução é o momento que o negociador fixa o contato preliminar, abre os trabalhos, explora os seus argumentos e encerra a negociação – nesse momento são trabalhadas técnicas como espelhamento e rapport. Por fim, o controle é o mecanismo adotado para o estabelecimento de bases de confiança em virtude de importar na implantação do ajuste, sendo oportuno a análise contínua de cada intervenção entre os envolvidos.

As fases de negociação possuem suma relevância para o ato de negociar, pois nelas são preconizadas o objeto, as posições e interesses, os limites, os posicionamentos estratégicos e a best alternative to a negotiated agreement, dentre outros. Portanto, ajustar adequadamente as fases implicará diretamente no êxito da negociação.

A FÓRMULA DE SUCESSO EM NEGOCIAÇÃO

Existem fatores que podem consagrar o êxito ou a extinção de uma negociação, por isso é fundamental que os negociadores estabeleçam bem o planejamento, a execução e o controle. Todavia, esses elementos, ainda que de suma valia, é imprescindível que sejam observados outros fatores.

Os fatores que transcendem as fases de negociação são tempo, informação e poder, os quais compõem a cerne do livro 'Você pode negociar qualquer coisa' (COHEN, 1980) com o intuito de assegurar o êxito na negociação, uma verdadeira fórmula de sucesso.

Observar o melhor momento - a oportunidade - é substrato do vetor tempo. A informação garante paridade e confiança, instrumentos que convergem em favor do 'sim', em especial se for dotada de qualidade. E ter a possibilidade de escolha e decisão assegura a projeção de confiança, agregando valor e gerando poder.

A fórmula é: Tempo $\times$ Informação $\times$ Poder = Sucesso ou T x I x P = S

Registre-se que a desarmonia dos fatores que compõem a fórmula de sucesso de Cohen gerará perdas, concessões ou, ainda pior, o afastamento da conclusão positiva que se revelava de interesse comum. Por tal motivo, a fórmula deverá ser estabelecida na fase de planejamento e perseguida na execução, sendo que nenhum elemento poderá ser igual ou inferior a zero – negociação negativa seria um retrocesso, assim como negociação igual a zero, por não refletir em nada.

Por fim, cabe a menção que, para Hersey et al. (1986, p. 254) o poder possui bases originárias de uma organização – poder coercitivo –, originárias do indivíduo – poder de referência – e mista – legitimado pela organização ou liderados.

O MÉTODO HARVARD

O Método Harvard é adotado para negociação baseada em princípios, isto é, negociação que busca o equilíbrio entre os envolvidos, a probidade, a boa-fé, a transparência e o benefício mútuo. Deste método se originou o tema best alternative to a negotiated agreement.

Sob esse prisma, Ury et al. (2005, p. 16) propõe que:

O método da negociação baseada em princípios, desenvolvido no Projeto de Negociação de Harvard, consiste em decidir as questões a partir de seus méritos, e não através de um processo de regateio centrado no que cada lado se diz disposto a fazer e não fazer. Ele sugere que você procure benefícios mútuos sempre que possível e que, quando seus interesses entrarem em conflito, você insista em que o resultado se baseie em padrões justos, independentes da vontade de qualquer dos lados. O método da negociação baseada em princípios é rigoroso quanto aos méritos e brando com as pessoas. Não emprega truques nem a assunção de posturas.

Complementando a citação acima, Ury et al. (2005, p. 28) indica que a negociação, como via de regra, deverá ser pautada em:

a) pessoas: consiste em diferenciar o problema das pessoas;

b) interesses: concentrar no objetivo afastando a posição;

c) opções: criar benefícios recíprocos, proveitos mútuos aos participantes; e

d) critérios: estabelecer mecanismos que sejam assertivos, objetivos e que não gerem dúvidas sobre a intenção.

O atendimento das alíneas supramencionadas acarretará a negociação tida como ganha-ganha, ou, como originariamente denominada, win-win.

Frisa-se que o Método Harvard estabeleceu uma abordagem prescritiva, cabendo aos agentes que participarão da negociação a prévia preparação e tabulação sobre os princípios que a comporão. Para Carvalhal et al. (2014, p. 77), essa discussão prévia envolve sete elementos essenciais, sendo eles: relacionamento, comunicação, compromisso, alternativas e BATNA, interesses, opções e legitimidade, pela ótica de cada parte.

A ZONE OF POSSIBLE AGREEMENT

Para que seja possível perfazer uma negociação ganha-ganha, os envolvidos deverão conhecer bem os seus objetivos, as suas possibilidades e as suas limitações.

Os negociadores deverão planejar o local que almejam chegar e qual é seu ideal, além dos limites - mínimo e máximo - para negociar, para que seja possível a convergência de cessões e concessões para ajuste útil pretendido. Esse cenário é denominado de zone of possible agreement ou, em tradução livre, zona de possível acordo.

Sobre esse respeito, Mourão (2008 p. 37) destaca que "incontáveis vezes os negociadores deixam na mesa de negociação algo que lhes é valioso", por tal motivo "deixam de chegar a um acordo ou de explorar satisfatoriamente o que chamamos de zona de acordo possível".

Exemplificando para melhor elucidação sobre zona de possível acordo, o negociador A quer adquirir um móvel do negociador B. O segundo negociador atribui o valor de R$ 100,00 (cem reais), aceitando, no mínimo, receber R$ 80,00 (oitenta reais). Por sua vez, A oferece R$ 70,00 (sessenta reais), porém está disposto a pagar, no máximo, R$ 90,00 (noventa reais). Portanto, há uma zona de possível acordo entre o valor mínimo aceitável e o valor máximo que pode ser ofertado, gerando a possibilidade de conclusão positiva (entre oitenta e noventa reais), ainda que o interesse inicial de cada um seja divergente (cem e setenta reais).

Assim, a zona de possível é o plano de conhecimento estratégico que os negociadores terão para perfazer a negociação, visto que, por filigranas, as propostas antecedentes não foram acatadas, entretanto, há possibilidade de finalizar, com sinalização positiva, a tratativa outrora iniciada.

A ANCORAGEM

Um instrumento importante para negociação, contudo, não muito observado, é a ancoragem. Esse mecanismo, considerando as ponderações da psicologia através de Tversky e Kahneman (1974, p. 1124-1131), consiste em projetar decisões baseadas em uma fonte inicial, gerando condicionamento da decisão, em especial quando há assimetria de informações, mesmo que não dolosa ou culposa.

A ancoragem guarda estrita ligação com a zona de possível acordo e a melhor alternativa em caso de não acordo - MACNA, tradução que será adotada para best alternative to a negotiated agreement - BATNA, haja vista que argumentos baseados em informações confiáveis podem fazer um dos negociadores rever o seu planejamento e ficar em torno da estimativa ancorada, conforme expõe Mnookin et al. (2000, p. 24).

Antes de exemplificar, é importante registrar que a ancoragem não é uma técnica que contraria o Método de Harvard, desde que seja utilizada como um parâmetro para fins negociais e não atente a probidade exigida aos negociadores, todavia, na prática, essa medida é adotada para distorcer a percepção da realização e gerar a sensação de benefício ao negociador lesado.

Suponhamos que um tênis custe R$ 100,00 (cem reais) na loja A. Para B, esse valor é muito alto, pois foge de sua possibilidade financeira. Todavia, A indica que terá uma oferta e venderá o tênis por R$ 50,00 (cinquenta reais), fazendo que B, vislumbrando o benefício de cinquenta por cento do valor, compre o tênis e tenha a sensação de vantagem. Ocorre que A ancorou o valor alto para dar sensação de valia e B desconhece o valor de produção, armazenamento, comercialização e despesas com o tênis. No fim, o bem possui o valor de R$ 25,00 (vinte e cinco reais), gerando, portanto, lucro de cinquenta por cento à A.

Com base no exemplo adotado, antes de adquirir o tênis, B poderia realizar uma pesquisa prévia para aferir o valor real do bem e iniciar sua melhor alternativa em caso de não acordo – BATNA, apresentando para o poder, a tempo e informação.

A BEST ALTERNATIVE TO A NEGOTIATED AGREEMENT

Para criar alternativas dentro dos critérios de uma negociação ganha-ganha, é lícita a adoção de mecanismos de proteção, criando alternativas aos casos em que a proposta A objetivada não é levada a termo, surgindo a necessidade de aplicar o plano B.

Assim, pode ser que a melhor alternativa crie uma referência a ser intentada, pois "dominar o processo de negociação tem o condão de propiciar a plena consciência de modo a poder decidir quando o acordo pode satisfazer seus interesses mais do que a sua melhor alternativa" (MOURÃO, 2008, p.67).

Diante dessa necessidade, Ury et al. (2005, p.120) estabelece a best alternative to a negotiated agreement - aqui será denominada de melhor alternativa em caso de não acordo – MACNA, também conhecida como MAPAN (melhor alternativa para um acordo negociado), MASA (melhor alternativa sem acordo), melhor alternativa à negociação de um acordo (MAANA), dentre outras -, "para produzir algo melhor do que seria possível obter sem negociar".

Para Fiani (2004, p.02), "situações que envolvam interações entre agentes racionais que se comportam estrategicamente podem ser analisadas formalmente como um jogo". Por isso, criar uma BATNA é muito além do plano B, atende a realidade negocial como poder, informação e tempo, fórmula essencial ao resultado útil pretendido.

Discorrendo sobre essa medida, Carvalhal et al. (2014, p.45-46) expõe que:

> *Uma ação preventiva durante o planejamento é buscar um plano "B", dispor de alternativas para o caso de não se chegar a um acordo dentro de limites aceitáveis. A Macna é dinâmica, ou seja, quando uma parte aumenta ou diminui as possibilidades de satisfação fora da negociação, a Macna e o ponto de recuo variam durante o processo. Ao conseguir, antes da negociação, identificar outra fonte para satisfazer sua necessidade, o negociador inicia o processo em uma posição mais alta de poder. Sendo a Macna uma referência, aquele que a tem mais forte pode exigir mais durante a negociação; em contrapartida, quem tem Macna fraca estará mais fragilizado e disposto a fazer concessões. A percepção incorreta da Macna pode levar o negociador a firmar um acordo que não lhe maximize o resultado ou a não fechar um acordo que poderia aumentar seu estado de satisfação quando comparado ao que pode obter fora da atual mesa de negociação.*

As assertivas acima denotam que o objetivo da BATNA, além de estar preparada para a negociação, é proteger o interesse e extrair o melhor substrato daquela tratativa observada a probidade e a boa-fé.

Para perfazer a proteção e alcançar o melhor resultado com BATNA, a seguir serão apresentadas algumas técnicas úteis.

AS TÉCNICAS DA BATNA

Conhecer as próprias possibilidades e aquelas do outro negociador é uma medida de suma valia para qualquer parte envolvida em uma negociação. Mourão (2008, p. 67) indica que essa postura implica na qualidade da negociação, uma vez que "é conhecendo nossas alternativas que podemos decidir quando e se fechamos um acordo", tornando possível concluir uma boa tratativa.

Nesse sentido, para criação de uma BATNA, é importante que:

a) sejam criadas e listadas as opções;

b) as ideias sejam constantemente trabalhadas e aprimoradas – a ideia é melhorar e não exitar;

c) colher da lista as opções, aliada às ideias a serem trabalhadas, as melhores preposições com o escopo de aferir a(s) melhor(es) alternativa(s) entre as disponíveis.

Iniciada a negociação, Watkins (2012, p.33) indica que é necessário fazer perguntas com o intuito de conhecer a BATNA do outro negociador, entretanto, essa medida deverá ser precedida por contato prévio, seguindo os seguintes passos:

a) conhecer contatos como fontes do setor;

b) conhecer as publicações sobre o negócio objetivado;

c) aferir as informações públicas que versam sobre os relatórios anuais;

d) conhecer as pessoas da empresa e perguntar sobre o negociador; e

e) listar eventuais cenários caso fosse o outro negociador (empatia).

Congregando todos esses parâmetros, é de suma valia que haja a administração do tempo, em especial se o outro negociador apresentar uma BATNA fraca e a BATNA do outro estiver em alta (forte), uma vez que, repise-se, a alternativa pode se tornar melhor do que o acordo inicial.

A ATUALIZAÇÃO E A MELHORIA DA BATNA

A BATNA deverá ser atualizada e estudada sempre quando houver alternativas e propostas mais atraentes, gerando a sensação de que o acordo não é, para aquele momento, o melhor trilho a ser seguido.

Nesse sentido, cabe conversar, ouvir e decidir, sempre com a intenção amistosa, rogando pela manutenção da negociação sem obstar a futura tratativa que será traçada para o acordo.

A APLICAÇÃO DA BATNA EM CONCRETO

Para elucidar a aplicação do BATNA, será apresentada exemplificação que, embora simples, possui aplicação em qualquer cenário.

O comprador tem R$ 100,00 (cem reais) para comprar um produto. A BATNA dele é R$ 100,00 (cem reais). O fornecedor tem valor mínimo de seu produto R$ 80,00 (oitenta reais). A BATNA dele é R$ 80,00 (oitenta reais).

Percebe-se que o valor que o comprador pretende pagar atende, e até ultrapassa, aquele que o fornecedor objetiva receber. Assim, se realizada a negociação com o plano A de cada um, o ato não será proveitoso ao comprador por destinar valor além do interesse do fornecedor.

Sobre esse espeque, cabe observar o seguinte:

a) qual a avaliação de mercado do produto pretendido;

b) criar argumentos que possam eventualmente alterar a posição do fornecedor em caso de indicar preço fora do que realmente pretende receber;

c) não apresentar proposta antes de realizar tais pontos e ouvir o valor que o fornecedor pretende receber;

d) não queira obter vantagem excessiva, ambos merecem uma negociação ganha-ganha;

e) indicar, se necessário, o motivo para atenuação do preço e benefício que será gerado com a transação; e

f) analisar o prazo para negociação.

Ponderadas tais questões, o comprador terá elementos para oferecer valor que o fornecedor aceite receber, de forma que não será gerado descontentamento, acarretando sua satisfação por adquirir um produto por importância inferior a aquela que tinha ao procurar o ato de negociar.

Essa exemplificação poderá ser utilizada na negociação empresarial, na administração de conflitos e, até mesmo, dentro da residência, basta estabelecer uma BATNA e adotar as técnicas para saber a melhor alternativa em caso de não acordo.

CONCLUSÃO

A best alternative to a negotiated agreement consiste na melhor alternativa em caso de não acordo, apresentando diversas técnicas a serem adotadas para lograr êxito no objetivo almejado, decorrendo do Método Harvard de Negociação e Administração de Conflitos.

As fases da negociação guardam estrita relação com o resultado que será trilhado na negociação, haja vista que o planejamento (plan + do + check + act) é o momento para prever a BATNA, a execução será o momento da aplicação da BATNA, e ao controle, por compreender a comparação do que foi acordado com o que vem sendo feito, será o parâmetro de conferência da estratégica veiculada.

Nesse conjunto, a fórmula de sucesso em negociação, apresentada por Herb Cohen, evidenciou que os preceitos de poder, tempo e informação, são elementos essenciais para perceber o momento quando negociar não é o melhor negócio, posto que interferem diretamente na BATNA com qualidade.

As construções realizadas proporcionaram que a área de barganha, tida como a zone of possible agreement, seja um perímetro que possibilita ao acordo atender os interesses recíprocos, sendo passível a validação com os interessados construindo um ambiente favorável contendo benefícios mútuos por aplicar o plano B. Essa análise carreou conhecimentos no perímetro de possível acordo para construção da BATNA - plano B.

O trabalho evidenciou a importância de melhoria da BATNA e a constante observação das margens negociais, respeitando o Método de Harvard de negociação para nutrir uma tática robusta para chegar ao sim com benefícios gerais.

Por fim, a BATNA e suas técnicas expostas se revelaram importantes para tomada de decisões inteligentes por congregarem o conhecimento de todas as faculdades existentes, que ensejam ao negociador uma posição mais firme e confiante na concretude do resultado útil.

REFERÊNCIAS BIBLIOGRÁFICAS

BRASIL JÚNIOR, Ivo. Negociação sem Complicação. 1ª Edição, Rio de Janeiro: Albatroz, 2019.

BURBRIDGE, Marc. Gestão da negociação. 2ª Edição. São Paulo: Saraiva, 2007.

DAVIS, Flora. A comunicação não verbal. São Paulo: Summus, 1979.

CARVALHAL, Eugenio; ANDRADE, Gersem; ARAÚJO, João; e KNUST, Marcelo. Negociação e Administração de Conflitos. 4ª Edição, Rio de Janeiro: Editora FGV, 2014 (versão ebook).

_____, Eugenio. Negociação. Fortalecendo o processo: como construir relações de longo prazo. 7ª Edição, Rio de Janeiro: Vision 2000, 2012.

COHEN, Herb. Você pode negociar qualquer coisa. Rio de Janeiro: Record, 1980.

DIAMOND, Stuart. Consiga o que você quer. Rio de Janeiro: Sextante, 2012.

DUZERT, Yann; LEMPEREUR, Alain; e SEBENIUS, James. Manual de Negociações Complexas. 2ª Edição, Rio de Janeiro: Editora FGV, 2011.

FIANI, Ronaldo. Teoria dos Jogos. Rio de Janeiro. Elsevier, 2004.

FISHER, Roger; URY, William; e PATTON, Bruce. Como Chegar ao Sim - Negociação de Acordo sem Concessões; Tradução: Vera Lúcia Ribeiro e Ana Luiza Borges. 2ª Edição, Rio de Janeiro: Imago Editora, 2005.

HERSEY, Paul; BLANCHARD, Kenneth. Psicologia para administradores. São Paulo: UPU, 1986.

LEWICY, Roy; SAUNDERS, Davi; e BARRY, Bruce. Fundamentos da Negociação; Tradução: Felix Nonnenmacher. 5ª edição. Porto Alegre: AMGH, 2014.

_____, Roy, SAUNDERS, Davi e MILTON, John. Negotiation: readings, exercises and cases. 3ª edição. Boston: McGraw-Hill/Irwin, 1999.

MARTINELLI, Dante; ALMEIDA, Ana Paula. Negociação: Como transformar confronto em cooperação. São Paulo: Atlas, 1997.

MOURÃO, Alessandra Nascimento Silva e Figueredo. Técnicas de Negociação para Advogados. 3ª Edição. São Paulo: Saraiva, 2008.

MNOOKIN, Robert; PEPPET, Scott e; TULUMELLO, Andrew. Beyond Winning: negotiating to create value in deals and disputes. 2ª edição. Harvard University Press: 2000.

SIOUF FILHO, Alfred. Negociação para resolução de controvérsias. In: Negociação, Mediação e Arbitragem. Curso Básico Para Programas de Graduação em Direito. São Paulo: Método, 2012.

TVERSKY, Amós; e KAHNEMAN, Daniel. D. Judment under uncertaity: heuristics and biases. Science, v. 185, nº 4157. New series, 1974.

URY, William. Como chegar ao sim com você mesmo; Tradução: Afonso Celso da Cunha. Rio de Janeiro: Sextante, 2015.

_____. O Poder do NÃO Positivo: Como dizer NÃO e ainda chegar ao SIM; Tradução: Regina Lyra. 11ª tiragem. Rio de Janeiro: Elsevier, 2007.

WATKINS, Michael. Negociação; Tradução: Cristiana de Assis Serra. Rio de Janeiro: Record, 2012.

ZAPAROLLI, Célia Regina. Procurando entender as partes nos meios de resolução pacífica de conflitos, prevenção e gestão de crises. In: Negociação, Mediação e Arbitragem. Curso Básico Para Programas de Graduação em Direito. São Paulo: Método, 2012.

O SISTEMA NORTE-AMERICANO E A ADOÇÃO DE MECANISMOS QUE IMPLEMENTAM A PAZ: UMA ANÁLISE COMPARATIVA

Autor:

Ana Betina da Costa Pires Ferreira

INTRODUÇÃO

A palavra "paz" remete a ideia de harmonia, compreendida no contexto do presente estudo, em seu significado de equilíbrio por meio do consenso e da construção do entendimento. A paz existe em meio aos conflitos, pois estes são inerentes ao humano, resultando naturalmente da convivência entre seres singulares numa complexidade relacional cada vez maior.

A paz não se trata da ausência de conflito, mas do fomento do diálogo diante da disputa e da restauração das relações sociais, como uma forma de transformação do problema e viabilização do reequilíbrio interrelacional, por intermédio de mecanismos processuais adequados. Os meios consensuais de solução de conflitos surgem como ferramentas voltadas a resolver os divergentes interesses que nascem na interação e no convívio entre seres diversos e singulares.

Este artigo tem por escopo analisar a literatura acerca do sistema constitucional norte-americano, para gerar reflexões comparativas com o sistema brasileiro, quanto à construção do consenso sob a perspectiva da cultura da paz. O fomento do acordo pelo sistema norte-americano auxilia na construção do entendimento nas relações interpessoais e sociais, na medida em que proporciona mecanismos de transação entre os envolvidos em conflitos e coloca obstáculos financeiros à judicialização.

O enfoque do presente estudo abrange os institutos consensuais norte-americanos, especificamente quanto à mediação transformativa, de forma a contribuir com o modelo consensual brasileiro, aprimorando a atuação judicial e extrajudicial. Irá tecer uma pesquisa de revisão teórico-bibliográfica voltada a uma análise comparada, no intuito de compilar algumas das abordagens acerca da atuação norte-americana e brasileira quanto à solução de disputas, enriquecendo o repertório para a mediação.

O presente trabalho pretende conhecer e compreender o modelo norte-americano neste aspecto, para promover a comparação com o modelo brasileiro, sendo de extremo relevo, a discussão acerca de pontos de melhoria do sistema pátrio. Neste sentido, faz uma análise da literatura mais recentemente publicada acerca da temática em livros, artigos e teses, sem pretensão de esgotar o estudo em virtude da amplitude de trabalhos científicos.

A relevância deste artigo reside na necessidade de aprimoramento, no Brasil, da gestão de conflitos para promoção da pacificação social, na medida em que a forma tradicional e litigante de atuar tem se mostrado insuficiente diante da complexidade humana e da incapacidade da norma jurídica e do Poder Judiciário em acompanhar a rápida transformação social.

O acesso à justiça se realiza não apenas pelo acesso ao Juiz-Estado, ainda mais quando este enfrenta uma crise exponencial em número de demandas, mas na disponibilização de métodos eficazes e eficientes de promoção do valor "justiça" e da paz social. Os mecanismos que fomentam o diálogo e o acordo pelos envolvidos se mostram potenciais transformadores dos conflitos, harmonizando as relações humanas.

O MODELO CONSENSUAL NORTE-AMERICANO

No sistema processual norte-americano, via de regra, os procedimentos relacionados à resolução de conflitos possuem um momento prévio que envolve a investigação para levantamento das provas, chamado de *Discovery*. Trata-se da oportunidade para as partes esclarecerem os pontos controvertidos, para delimitação do litígio, que define se a causa será convertida em processo judicial, o que interfere na quantidade de demandas judicializadas.

A fase do *Discovery* tem por fim precípuo disponibilizar aos litigantes a oportunidade de produção e revisão de todas as provas essenciais antes do julgamento. Tradicionalmente, os envolvidos são instigados a realizar acordos para evitar a judicialização da demanda, em face dos altos custos do processo e polpudos honorários advocatícios.

Este procedimento prévio, possibilita ao autor desistir da ação (*dismissal*), diante das provas colhidas pelos advogados das partes, antes do início do julgamento (*before trial*), reduzindo as atribuições do juiz. Realiza-se *pretrial conference*, que se configura numa conferência que antecede o julgamento, dirigida pelo juiz, objetivando averiguar se as partes estão prontas para judicializar, ou se há acordo, ou mesmo desistência (Godoy, 2004, p. 23).

Assim, o procedimento *pretrial* possibilita a redução do número de questões que vão a julgamento, diante da necessidade da solidez das provas, dos riscos processuais e financeiros às partes. Conforme Cambi (2015, p. 9),

> *"A adoção da fase da Discovery tem a vantagem de permitir às partes e aos advogados a avaliação dos pontos fracos e fortes do seu caso, melhor conhecer os riscos de leva-lo*

a julgamento e aumentar as chances de proposição de acordos
para diminuírem tais riscos, que são fatores que contribuem
para a efetividade da justiça."

Há uma cultura de incentivo à negociação, mesmo que por meio da indução indireta com os altos custos processuais, o que motivou estudiosos a se dedicarem a criar modelos e escolas que atendessem a necessidade de evolução do sistema de solução de disputas nos Estados Unidos e criação de acordos mais eficientes e eficazes.

A partir da década de 70, o modelo consensual norte-americano começa a ser mais fortemente difundido devido aos estudos acadêmicos de diversas escolas de Harvard, inclusive a partir do trabalho de Frank Sander, professor da *Harvard Law School*, facilitando a institucionalização do Tribunal Multiportas, com várias formas de mediação e negociação, na convergência entre teorias e práticas consolidadas. Segundo Gimenez (2017, p. 85), Sander

"desenvolveu o conceito do multidoor courthouse system,
sob a justificativa de que o tratamento adequado ao conflito
permite o uso eficiente dos recursos pelos tribunais; acarreta a
redução de custos e de tempo pelas partes e pelo próprio Poder
Judiciário; e diminui o número de conflitos subsequentes."

Nos anos 80, fundamentado nos altos custos para acesso à justiça norte-americana, James Henry, advogado norte-americano, desenvolveu as *ADRs (Alternative Dispute Resolution)*, expressão que designa todo procedimento de solução de controvérsias sem a intervenção de uma autoridade judicial. Segundo Muniz e Silva (2018, p. 291), "se constituem em vários métodos de liquidação de desajustes que levam em consideração os objetivos de cada um, as possibilidades disponíveis além da maneira como os sujeitos relacionam seus objetivos com as alternativas delineadas".

Em 1998, relevante destacar "o *Alternative Dispute Resolution Act*, o qual determinou a adoção dos mecanismos alternativos de resolução de disputas pelos tribunais federais em todas as ações cíveis" (Gimenez, 2017, p. 89). E, assim, a ciência da resolução de conflitos floresceu nos Estados Unidos, nos tribunais e no meio advocatício, dispondo às partes as múltiplas portas (caminhos ou mecanismos) para o tratamento do conflito.

Os métodos consensuais, alternativos ao processo judicial, nos Estados Unidos, vêm se constituindo em cenário informal, privado e confidencial, e, segundo Gimenez (2017, p. 90), "o sucesso relativo dos métodos consensuais provocou a sua adaptação e transformação de procedimentos informais privados para uso no setor público, inclusive como etapa obrigatória nos processos (condição para o acesso ao processo público e formal)".

Os principais meios de solução de controvérsias, alternativos ao processo contencioso, são a conciliação, a negociação, a mediação e a arbitragem, que se apresentam como métodos diferenciados conforme a tipologia do conflito e da relação. O Tribunal Múltiplas Portas abrange um sistema em que se realiza a escolha do método mais adequado a determinada controvérsia, levando em consideração a natureza das relações e aspectos do conflito. Segundo Muniz e Silva (2018, p. 9),

> *"Feita a análise de cada um dos métodos aptos à solução de conflitos, sempre a vista da relação conflituosa, prossegue-se à verificação de seus procedimentos a fim de buscar quais portas – meios – seriam adequados a cada um dos conflitos que nasçam das relações sociais."*

Quanto à mediação, pode-se citar três escolas clássicas reconhecidas pela doutrina norte-americana, o Modelo Tradicional-Linear de Harvard ou Programa de Negociação da Escola de Harvard (mediação satisfativa); o

Modelo Circular-Narrativo; e o Modelo de Mediação Transformativa. Segundo Muniz e Silva (2018, p. 7),

> "*A primeira delas é a escola da negociação assistida baseada em princípios (problem solving), desenvolvida no programa de negociação de Harvard, e considera a mediação a partir de dois tipos de abordagens: a adversarial e a de solução de problemas, sendo que a primeira é focalizada em um recurso limitado (como o dinheiro) e que as partes devem decidir se vão dividi-lo e como o farão; já a segunda, de outro lado, tem por finalidade revelar e compor os interesses subjacentes das partes.*"

A escola da mediação circular narrativa baseia-se na finalidade de restauração da relação, dos laços sociais e da interação interpessoal, e não objetiva necessariamente o acordo como resultado obrigatório. O procedimento envolve o diálogo "e a mediação é concebida como um processo conversacional, que se dá na comunicação. (Muniz e Silva, 2018, p. 7)"

Como este trabalho pretende abordar com mais detalhes acerca da Mediação Transformativa, sem pretensão de esgotar o tema, trataremos em tópico específico.

Escola de Mediação Transformativa

A mediação é o procedimento mediante o qual os envolvidos em uma controvérsia são auxiliados por um terceiro, mediador, a compreender a relação conflituosa para a superação dos obstáculos e construção do entendimento. "Ao analisarmos a palavra mediação, sabemos que esta vem do latim e que significa intervenção humana entre duas partes, ou seja, com a colaboração de uma terceira pessoa (Mota, 2020, p. 28)".

A mediação consiste em um processo cujo objetivo primordial é promover a autonomia de vontade dos personagens do conflito, respeitando as relações existentes previamente, facilitando chegar ao consenso, em que poderão ter maiores condições de continuar convivendo de maneira produtiva e empática. Assim, é um processo muito utilizado em relações de trato continuado, em que pressupõe um convívio anterior ao surgimento do conflito e que poderá intervir nos efeitos posteriores à solução.

Michelon (2018, p. 16), ao abordar os três modelos de mediação, cita que:

> *"Um teórico da Negociação – Robert A. Barush Bush – e um teórico da Comunicação – Joseph P. Folger – construíram juntos um modelo de trabalho que privilegiou o conflitante em lugar do conflito, a denominada Mediação Transformativa que tem por objetivo imediato levar os mediados à transformação enquanto pessoas, para que aprendam a se colocar no lugar do outro e a administrar seus próprios problemas, sempre de forma colaborativa. O acordo seria uma consequência desse processo de transformação pessoal dos mediados, que se consagra a partir do empoderamento e do reconhecimento."*

Dessa forma, a mediação se constitui em um instrumento que viabiliza a pacificação social, promovendo a autorresponsabilidade e o comprometimento dos envolvidos na construção e manutenção das soluções encontradas. Para isto, configura-se na facilitação do diálogo, reaproximando as partes para que reconheçam as diferentes percepções do contexto conflituoso, fomentando, assim, uma comunicação empática a partir de pontos positivos comuns.

Na mediação, o mediador atua como facilitador do diálogo, intermediando a comunicação entre os personagens do conflito e auxiliando que cheguem à uma solução para o litígio com autonomia de vontade, a partir da identificação dos interesses presentes e flexibilização. O terceiro colabora para que os envolvidos se componham amigavelmente, e encontrem o ajuste de vontades.

Por intermédio desta facilitação, há uma abordagem voltada aos aspectos sociológicos da controvérsia, sentimentos, pensamentos, comportamentos que estão presentes na relação conflituosa, e que precisam ser compreendidos numa perspectiva mais humanizada. "É possível enxergar a técnica da mediação a partir de diferentes maneiras, muito por conta do conflito – aspecto da natureza humana multifacetado, o que se converte na construção de modelos distintos (Muniz e Silva, 2018, p. 6)".

Neste sentido, as escolas de mediação refletem vários aspectos a escola de mediação transformativa entende que

> *"os conflitos não devem ser enxergados como problema, mas, de outra forma, como uma chance de construir oportunidade de transformação das próprias partes, sob dois pontos de vista: autoconhecimento, bem como conhecimento do lado adverso e, por isso, é que se estabelece que a mediação transformativa tem foco mais no processo do que no resultado. (Muniz e Silva, 2018, p. 6 e 7)"*

A transformação dos conflitos coloca o foco na restauração da relação através da comunicação e do empoderamento das partes, vistas como responsáveis pelo contexto conflitivo. Segundo Michelon (2018, p. 14), "os adeptos dessa corrente querem se distanciar da tradição da mera 'solução de problemas' na mediação, buscando mudar o paradigma da visão de mundo individual para a relacional; para essa corrente, as disputas não devem ser vistas como problemas, mas sim como oportunidades de crescimento moral e transformação".

O empoderamento dos envolvidos acontece na medida em que há o desenvolvimento e fortalecimento dos valores de cada um, para lidar com o embate, e superar os obstáculos à reaproximação mútua. Neste viés, destaca-se a importância da autoconsciência e consciência social de cada personagem, no significado empregado pelas competências socioemocionais.

Autoconsciência é a capacidade da compreensão de si mesmo e autodeterminação, racional e emocional, para, assim, expressar a autonomia de vontade na tomada de decisões em uma mediação. Enquanto que consciência social envolve a compreensão do outro, seus comportamentos, sentimentos e pensamentos, em uma interação por meio da empatia (Goleman, 2019, p. 107).

Por meio do entendimento empático, é possível conduzir uma transformação na relação controvertida, voltada a uma perspectiva futura positiva. Este modelo é mais eficaz nas relações continuadas, podendo contribuir na construção da paz social.

COMPARAÇÃO COM O MODELO BRASILEIRO

O CONSENSUALISMO NO ORDENAMENTO JURÍDICO BRASILEIRO

No Brasil, o consenso consta de seu Preâmbulo como compromisso com a solução pacífica das controvérsias. A legislação brasileira até 2010 previa de forma dispersa e tímida a conciliação como forma de solução consensual, podendo ser citados o Código de Defesa do Consumidor, a Lei dos Juizados Especiais Cíveis e Criminais (Lei 9.099/95), a Consolidação das Leis do Trabalho.

No entanto, somente em 2010, quando o Conselho Nacional de Justiça lançou a Resolução nº 125, fortificou-se esse viés consensual, sendo instituída a Política Judiciária Nacional de tratamento de conflitos de interesses, de forma a assegurar a todos a garantia de solução de disputas por meios adequados à sua natureza e peculiaridade.

O modelo norte-americano teve forte influência na adoção de métodos autocompositivos para a solução de conflitos, com a internalização de modelos, destacando-se o conceito do Tribunal Multiportas.

O estímulo aos métodos consensuais ganhou maior proporção com o Novo Código de Processo Civil, Lei 13.105/2015, valorizando a composição entre as partes, conforme se infere dos §§2º e 3º do art. 3º, em que se estimula claramente a promoção dos meios consensuais de solução dos conflitos, cujos métodos autocompositivos devem ser incentivados inclusive no curso do processo judicial.

A conciliação pode ser viabilizada sob duas modalidades, pré-processual ou informal (por meio do acordo antes da instauração do processo) e a judicial ou formal. (por intermédio de juízes ou conciliadores). Deve ser incentivada por todos os juristas, que atuam no sistema judiciário brasileiro, a qualquer tempo, sendo considerada a principal forma consensual de solução de conflitos.

A arbitragem possui regulamentação própria pela Lei 9.037/96.

Por sua vez, a mediação possui tratamento específico pela Lei nº 13.140/2015, que aborda os procedimentos de mediação judicial e extrajudicial, e os conflitos que podem ser submetidos a este método.

Conforme Muniz e Silva (2018), há uma distinção entre Tribunal Multiportas e Sistema Multiportas, em que esta última expressão envolve uma maior amplitude dos métodos adequados. Não há no ordenamento brasileiro, o Tribunal Multiportas conforme concebido nos Estados Unidos, complementando o autor que:

> *"segue-se no Brasil o caminho à consolidação de um sistema multiportas de solução de conflitos, e prova disso é a edição da Lei de Arbitragem em 1996, recentemente reformada para estruturar melhor seu procedimento, bem como a edição da Lei 13.140/2015 que trata da mediação judicial e extrajudicial, além da entrada em vigor do novo Código de*

Processo Civil, que procurou em todo o seu texto, conforme já se citou aqui, incentivar a adoção de técnicas alternativas de solução de controvérsias, se relacionando, assim, com o quarto pilar fixado por Sander. (p. 302)"

Neste caminhar, muito ainda deve ser feito para a consolidação de um sistema confiável, conferindo aos jurisdicionados um verdadeiro acesso à justiça, havendo necessidade de adequação ao contexto nacional. O Código de Processo Civil é uma legislação nova e que traz uma forte perspectiva do consenso, dantes esquecida pela prática jurídica nacional, inaugurando, assim, uma mudança cultural de tratamento das disputas.

Em virtude desta transição, surge a necessidade de preparação dos atores do sistema jurídico brasileiro, com formação adequada e informação de qualidade, para condução dos procedimentos consensuais. É imprescindível a propagação dos princípios que regem a conciliação e a mediação, a observação das técnicas negociais, a atenção aos regramentos específicos a esses meios, e, primordialmente, o papel do terceiro que facilitará a aproximação dos envolvidos na reconstrução da relação e construção do acordo.

A MEDIAÇÃO NO BRASIL

Conforme já visto no presente artigo, a mediação é o método por meio do qual um terceiro imparcial, o mediador, irá facilitar o diálogo entre os envolvidos no conflito, auxiliando na obtenção de uma solução consensual. Baseada no binômio ganha-ganha, promove a mudança do paradigma da litigiosidade para a cultura do acordo.

Pressupõe necessariamente uma relação prévia que se prolongue no tempo, tais como as relações familiares, de trabalho, de vizinhança, condominiais. Nestas relações, muitos fatores atuam para a criação e manutenção de situações conflituosas e tensões, revelando o caráter multifacetado da natureza humana.

Por isso, torna-se um instituto mais complexo que a conciliação ou alguns tipos de negociações.

A Resolução nº 125/2010 do Conselho Nacional de Justiça estabelece as diretrizes para a implementação da política pública de tratamento adequado de conflitos a serem observadas pelos Tribunais. O novo Código de Processo Civil, em diversos dispositivos, traz o incentivo à mediação, inclusive com a necessidade de audiências de mediação entre as partes do processo judicial, além de estabelecer normas acerca do procedimento.

Ao passo que a Lei 13.140/2015 prevê os fundamentos e princípios que orientam o procedimento e o mediador, os procedimentos da mediação judicial e da extrajudicial, e a autocomposição no âmbito da administração pública. Traz a importância das competências e dos requisitos, inclusive de confidencialidade, que os mediadores precisam ter na condução do procedimento. Segundo Muniz e Silva (2018, p. 304): "Existe uma vinculação muito grande entre a mediação/conciliação aos processos judiciais, constituindo etapas do procedimento e não meio autonomamente considerados, diferente o que ocorre nos Estados Unidos, onde os processos de triagem indicam qual será o método utilizado."

Ainda há muito o que caminhar no sentido de uma capacitação adequada dos facilitadores, de um processo de triagem dos conflitos para indicação do tratamento qualificado a cada controvérsia, de um modelo orgânico para direcionar essa adequação. Ao mesmo tempo, é preciso criar um ambiente extrajudicial seguro, por intermédio de balizas que assegurem não apenas o procedimento, mas métodos que se adequem à necessidade de diálogo para a efetiva solução de controvérsias

Assim, compreender as perspectivas dos modelos de mediação norte-americanos traz o direcionamento para a consolidação das práticas consensuais, com viabilização da harmonia social por meio da restauração das relações. O adequado tratamento do conflito promove o acesso à justiça, em sua compreensão mais ampla, fomentando a plena cidadania, a cultura da paz e da fraternidade.

O modelo transformativo norte-americano é compatível com o instituto da mediação no Brasil, trazendo diretrizes de como o mediador pode se conduzir no contexto sociológico do conflito, com olhar mais profundo às relações humanas. As controvérsias nas relações de trato contínuo impactam muitos aspectos da vida dos envolvidos, sendo necessário que o mediador desenvolve competências e capacidades voltados à boa condução do processo, mantendo-se equidistantes das partes, numa postura de não-julgamento, paciente e resiliente na facilitação da transformação dessa relação.

A PAZ E A SOLUÇÃO DE CONFLITOS

O Direito, como ciência, possui um campo de preocupação significativo, em face das ameaças à paz e ao convívio social, lançando-se a desvendar meios que possibilitem a evolução da humanidade em equilíbrio e harmonia social. São objetos de estudo e regulação as questões que afetam o planeta como um todo, as relações humanas e suas interações com o ecossistema, e como propiciar o caminho à justiça e à pacificação social.

É preciso, então, compreender o que seja a paz para definir os meios de promovê-la, diante de um contexto persistentemente ameaçador das garantias aos direitos fundamentais, principalmente nas interrelações humanas. Para compreender a paz, assim como o conflito, é preciso entender que os termos não são contraposições, antônimos, opostos de um binômio.

Há conflitos humanos que não desencadeiam a violência, e não são ameaçadores à paz, na medida em que eles são transformados em oportunidades de mudanças necessárias no contexto em que atuavam. Essa perspectiva envolve a percepção de que os conflitos são naturalmente humanos, inerentes à convivência social, como ajustes à diversidade e complexidade com que pessoas interagem em sociedade.

Em contrapartida, no mundo atual, a maioria considerável dos processos conflituosos desencadeiam reações violentas entre envolvidos, quando ausentes, nesta sociedade, meios que auxiliem a condução dos conflitos, sejam por fatores educacionais, culturais, ou mesmo, jurídicos. O homem, ainda, não se emancipou de forma a se autodeterminar ética e moralmente no social, de forma a criar relações saudáveis para lidar com os conflitos e desafios humanos. Segundo Muniz e Silva (2018, p. 290):

> *"Nesse ambiente, o fomento da solução pacífica de controvérsias se evidencia nas mais diversas relações, tanto em âmbito público quanto no privado. E, como não poderia deixar de ocorrer, essa construção se reflete na necessária imbricação entre essa nova realidade e o sistema de justiça, para que estas controvérsias tenham adequado tratamento pelo Estado e não fiquem à margem de solução."*

Assim, o direito se constitui no instrumento necessário para trazer balizas e normas norteadoras ao comportamento humano, viabilizando ferramentas a assegurar o reequilíbrio nas relações e instrumentos viabilizadores da solução pacífica das controvérsias. Dentre essas ferramentas, aponta-se o consenso como uma via presente em vários meios processuais, como os métodos adequados de resolução de conflitos e os mecanismos intraprocessuais para a formulação de acordos judiciais.

O consenso vem galgando um espaço essencial no âmbito judicial brasileiro, como decorrência de vários fatores presentes atualmente: número exacerbado de demandas judiciais, morosidade processual, falta de eficácia e efetividade das decisões judiciais, insatisfação do jurisdicionado e dos atores jurídicos, disseminação fortalecida dos meios adequados de solução de conflitos, crescente educação jurídica voltada ao consenso, compreensão da necessidade da sociedade quanto à efetiva justiça. Um contexto que se apresenta altamente desafiador para o Poder Judiciário.

A ciência jurídica no Brasil moldou-se com base numa processualística voltada ao acesso à justiça, por meio do ajuizamento judicial, enfatizando o papel do advogado como representante dos interesses do seu cliente, em antagonismo com a outra parte. Numa atuação dual, similar à luta do bem contra o mal, entende-se uma disputa do tudo ou nada, perde ou ganha, na defesa exclusiva de um ponto de vista em detrimento do outro, perante o Juiz, terceiro imparcial que decide pelas partes.

Ao passo que o acordo se dissocia dessa dualidade contraposta, para a construção de possibilidades diante de um contexto amplo de pontos de vista, interesses, necessidades e normas jurídicas a impactar a relação conflituosa. E, aos poucos a noção de consenso, introduzida há mais de uma década na legislação processual, ganha projeção no ensino jurídico, com natural evolução dos conceitos e requisitos necessários para a viabilização do entendimento entre as partes.

Nesta expansão da cultura do consenso, aprofundou-se a compreensão acerca das relações humanas e do conflito, de forma a contribuir com a viabilização de um diálogo mais amplo em termos humanistas. Os meios adequados de solução de conflitos foram absorvendo estudos e experiências para formatar um caminho à reconstrução do diálogo, os conhecimentos e competências para integração das partes, principalmente do sistema norte-americano.

Ainda há muito o que abranger, e este artigo traz reflexões de como a experiência dos Estados Unidos pode contribuir com o ordenamento jurídico pátrio. A cultura do consenso, fomentada pelo sistema norte-americano ajuda indiretamente a manter a paz nas relações interpessoais e sociais, na medida em que proporciona mecanismos de transação entre os envolvidos em conflitos e coloca obstáculos financeiros à judicialização.

A TRANSFORMAÇÃO DOS CONFLITOS

O fomento à solução pacífica das controvérsias surge como uma necessidade de possibilitar resultados adequados às complexas relações que emergem em um ambiente fluido, volátil, incerto. Com a evolução da tecnologia e a rapidez de troca de informações, novas conexões surgem, gerando novos efeitos sociais, novos conflitos, e relevantes reflexos de ordem jurídica. Segundo Muniz e Silva (2018, p. 3),

> "O processo judicial comum, dito adversarial não pode andar sozinho nessa caminhada, pois não possui capacidade de lidar com toda essa gama de novos direitos, surgindo assim, a tendência à utilização dos meios alternativos de solução de conflitos, renovado pelos estudos em Alternative Dispute Resolutions, concebidos, inicialmente, nos Estados Unidos".

Fala-se em resolução de disputas, gestão de conflitos e transformação de conflitos, todas as expressões com fundamentos transdisciplinares, oriundo da psicologia, da filosofia, sociologia, teoria dos jogos, ciência política, direito, estudos da paz etc. A convergência de várias ciências se justifica numa perspectiva de entender o fenômeno do conflito como um todo, com repercussões sociais, relacionais, interpessoais, jurídicas.

Este artigo traz a compreensão da expressão "transformação de conflitos", adotado pelo autor e sociólogo John Paul Lederach (2012, p. 17), segundo o qual:

> "Trata-se de uma linguagem correta do ponto de vista científico porque se baseia em duas realidades verificáveis: o conflito é algo normal nos relacionamentos humanos, e o conflito é um motor de mudanças. A palavra "transformação" oferece uma imagem clara e importante, pois dirige nosso olhar para o horizonte em direção ao qual estamos caminhando: a construção de relacionamentos e comunidades saudáveis, tanto local como globalmente."

Lederach (2012, p. 33) traz a abordagem transformativa como um processo de mudança "capaz de responder aos desafios, necessidades e fatos da vida real", de forma a contribuir com a redução da violência e fomentar o equilíbrio social, a paz e o valor justiça. Ensina que:

> "Nesse sentido, a paz é o que as novas ciências chamam de 'uma estrutura-processo': um fenômeno que é dinâmico, adaptativo e transformativo, mas que ao mesmo tempo possui contornos, propósito e direção que lhe dão forma. Em vez de ver a paz como uma 'condição final' estática, a transformação de conflitos a considera uma qualidade relacional em contínua evolução de desenvolvimento. O trabalho de paz, portanto, se caracteriza para tratar as marés do conflito humano através de abordagens não violentas, que cuidem das questões pendentes e aumentem a compreensão, igualdade e respeito nos relacionamentos. (Lederach, 2012, p. 34)"

A mediação transformativa promove o protagonismo dos envolvidos na transformação da própria realidade, sendo instrumento de realização da cidadania, com base na autorresponsabilidade. Em um diálogo construtivo, há o desenvolvimento do ser humano quanto a seus valores e competências para a construção da solução mais adequada ao seu contexto, com autonomia e cooperação. (Mota, 2020, p. 31) Conforme complementa Gimenez (2017, p. 95),

> "Dessa forma, a meta da mediação é responsabilizar os conflitantes pelo tratamento do litígio que os une a partir de uma ética da alteridade, encontrando, a partir do auxílio de um mediador, uma garantia de sucesso, 'aparando as arestas', e as dificuldades das partes, bem como compreendendo as

emoções reprimidas e buscando que atinja o interesse das
partes e a paz social."

A cultura do consenso nos traz a noção humanista na medida em que a atuação dos operadores jurídicos se volta a olhar a integralidade do conflito, ou seja, não apenas as repercussões jurídicas da disputa. Essa análise abrange a relação dos envolvidos, interpessoais, comunitárias e sociais, as emoções presentes, os fatores que atuam na polarização, as causas do litígio, de forma a facilitar estratégias para o restabelecimento do diálogo, e, assim, a construção de acordos.

O modelo brasileiro de tratamento dos conflitos ainda não compreendeu a configuração do Tribunal Múltiplas Portas, com o encaminhamento dos litígios para os métodos adequados a cada um. A política brasileira de tratamento de conflitos apresenta fragilidade neste ponto, na medida em que o mero incentivo legal e a disponibilização de fases no procedimento não garante uma cultura e um sistema do Tribunal Multiportas.

No entanto, a mediação transformativa é plenamente compatível com os princípios que regem a mediação extrajudicial no Brasil, devendo ser valorizada e viabilizada para concretização de um verdadeiro acesso à justiça.

CONCLUSÃO

A ciência se debruça cada vez mais a entender as interações humanas, inclusive as conflituosas, gerando a compreensão de que existem inúmeras formas de os conflitos se apresentarem. Neste sentido, verifica-se a necessidade de adotar o meio mais adequado de tratamento dessas disputas, tendo em vista os seus aspectos integrais.

Com a disponibilização de métodos variados de tratamento das controvérsias, é possível otimizar a garantia de acesso à justiça, com soluções mais equilibradas e comprometimentos mútuos, pela participação efetiva dos envolvidos.

O consenso possibilita uma maior sensação de justo, e as partes demonstram uma tendência maior ao cumprimento de suas responsabilidades mútuas. Em contraste, numa decisão terceirizada, o derrotado mostra uma tendência muito maior a estar insatisfeito e recorrer, não assumir sua responsabilidade e postergar a execução da sentença.

É imprescindível o fortalecimento dos meios consensuais de solução de conflito, estando ao lado do Judiciário no papel fundamental de mudança cultural. Trata-se de viabilizar vários métodos para a composição das disputas, estando a judicialização, o processo judicial, reservado para contendas em que não haja viabilização de ajuste de vontades das partes ou cuja complexidade jurídica requeira.

A cultura consensual envolve a concepção de desjudicialização, mas não no sentido de esvaziamento do Poder Judiciário. Ao contrário, são duas esferas essenciais na promoção do valor justiça, atuando conjuntamente, para que demandas que possam ser solucionadas por meio do acordo não cheguem à esfera judicial.

Abrange, assim, o estabelecimento de filtro da litigiosidade e práticas voltadas a elevar o índice de restauração das relações e harmonização social. A compreensão dos institutos consensuais norte-americanos e dos modelos de abordagem dos conflitos traz o direcionamento necessário para a evolução do sistema multiportas no Brasil

A autocomposição requer responsabilidade dos juristas, todos os operadores jurídicos e mediadores, no sentido da realização de acordos que contemplem as necessidades dos envolvidos e transformem positivamente as relações, com solução eficaz e efetiva. Os acordos não devem ser impostos a qualquer custo, com intimidação, com indução por altos custos judicias. É essencial privilegiar a liberdade de escolha e a autonomia de vontade das partes, com condução ao caminho mais adequado à solução da controvérsia.

REFERÊNCIAS BIBLIOGRÁFICAS

CAMBI, Eduardo. Discovery no processo civil norte-americano e efetividade da justiça brasileira. Revista de Processo: Direito Estrangeiro e Comparado – Generalidades. RePro vol. 245, julho, 2015.

FALECK, Diego. TARTUCE, Fernanda. Introdução histórica e modelos de mediação. Acessado em 30/06/2021. Disponível em http://www.fernandatartuce.com.br/artigosdaprofessora.

GIMENEZ, Charlize Paula Colet. A Justiça Consensual do Tribunal Múltiplas Portas e a Política Pública Norte-Americana de Tratamento de Conflitos: contribuições ao modelo brasileiro. R. Opin. Jur, Fortaleza, ano 15, n. 20, p. 84-111, jan./jun. 2017. Acessado em 30/06/2021. Disponível: https://doi:10.12662/2447-6641oj.v15i20.p84-111.2017

GODOY, Arnaldo Sampaio de Moraes. Direito nos Estados Unidos. Barueri, SP: Manole, 2004.

GOLEMAN, Daniel. Inteligência social: A ciência revolucionária das relações humanas. Tradução Renato Marques. 1ª ed. Rio de Janeiro: Objetiva, 2019.

LEDERACH, John Paul. Transformação de conflitos. Tradução de Tônia Van Acker. São Paulo: Palas Athena, 2012.

MICHELON, Ana Luísa Fretta. Três importantes modelos de mediação e suas particularidades. In Revista Mediação & Justiça. Porto Alegre, Volume 1, Número 1, Janeiro/Julho 2018. Acessado em 30/06/2021. Disponível em http://www.adambrasil.com/wp-content/uploads/2018/09/revista_mediacao_e_justica_2018.pdf#page=6

MOTA, Branca Sofia Silva. A mediação perspectivada por uma abordagem transformativa promotora de competência pessoais e sociais. Publicado em jan./2020. Acessado em 30/06/2021. Disponível pelo link https://repositorium.sdum.uminho.pt/bitstream/1822/63744/1/Relat%c3%b3rio%20de%20Est%c3%a1gio_Branca%20Sofia%20Silva%20Mota.pdf

MUNIZ, Tânia Lobo; SILVA, Marcos Claro da. O Modelo de Tribunal Multiportas Americano e o Sistema Brasileiro de Solução de Conflitos. Revista da Faculdade de Direito da UFRGS, Porto Alegre, n. 39, vol. esp., p. 288-311, dez. 2018. Acessado em 30/06/2021. Disponível pelo link: https://seer.ufrgs.br/revfacdir/article/download/77524/51655

PACHECO, Rodrigo da Paixão. Desjudicialização: conciliação e mediação no novo Código de Processo Civil. Publicado em 07/2018. Acessado em 30/06/2021. Disponível pelo link: https://jus.com.br/imprimir/67836/desjudicializacao-conciliacao-e-mediacao-no-novo-codigo-de-processo-civil e publicado em 07/2018.

SALLES FILHO, Nei Alberto. Cultura de paz e educação para a paz: Olhares a partir da complexidade. Campinas: São Paulo: Papirus, 2019.

SÉROUSSI. Roland. Introdução ao direito inglês e norte-americano. Tradução: Renata Maria Parreira Cordeiro. São Paulo: Landy Editora, 2006.

SALLES. Sérgio. FAZA, Geovana. Conciliação ou mediação? O facilitador diante da complexidade dos conflitos. Conhecimento & Diversidade, Niterói, v. 11, n. 25, p. 81-108, set./dez. 2019. Acessado em 30/06/2021. Disponível pelo link: https://revistas.unilasalle.edu.br/index.php/conhecimento_diversidade/article/view/6623/pdf

www.ingramcontent.com/pod-product-compliance
Lightning Source LLC
Chambersburg PA
CBHW071208210326
41597CB00016B/1719